Inhaltsverzeichnis

1 Für Anfänger

2 Für Fortgeschrittene

3 Für Profis

Redewendung: Eine Leiche im Keller haben

Die Redewendung klingt zwar mörderisch, doch man sollte sie nicht wörtlich nehmen. Jemand, der eine „Leiche im Keller" hat, hütet ein dunkles Geheimnis oder hat in der Vergangenheit Schuld auf sich geladen. Doch warum nutzen wir dafür das grausige Bild vom Toten im Untergeschoss? Die Redewendung hat unterschiedliche Hintergründe.

Zum einen durfte man früher ungetaufte Verstorbene nicht auf einem katholischen Friedhof beerdigen. Hin und wieder starben Kinder, noch bevor sie getauft wurden. Um sie vor bösen Geistern zu schützen, wurden die Leichen oft heimlich im Elternhaus bestattet. Der Keller bot sich dafür an, weil dort selten Gäste hineinkamen. Zudem bestanden die Böden früher häufig aus festgeklopfter Erde, sodass dort die Kadaver verwesen konnten.

Außerdem gibt es Erzählungen, aus denen das Sprichwort entstanden sein könnte. Eine davon ist Theodor Fontanes Geschichte „Unterm Birnbaum". Es geht darin um einen seltsamen Gastwirt und einen verschwundenen Reisenden: Eines Tages macht ein wohlhabender Reisender Rast im Gasthaus eines Wirts. Am Tag seiner Abreise ist der reiche Gast verschwunden und der Wirt gerät in Verdacht, den Reisenden ermordet zu haben. Als der Vorwurf überprüft wird, findet man keine Beweise und der Mordverdacht wird fallengelassen. Nach diesem Ereignis benimmt sich der Wirt allerdings sehr sonderbar. Er ist schreckhaft und verbringt viel Zeit in seinem Keller. Eines Morgens wird er dort tot aufgefunden – eine Schaufel in der Hand und neben ihm ein Loch im Erdboden, aus dem doch tatsächlich der Arm eines Verstorbenen ragt. Es ist der tote Reisende! Der Wirt hatte ihn also doch getötet und im Keller vergraben. Er hatte die ganze Zeit über eine „Leiche im Keller"!

(Quelle: Fee Krämer: „Eine Leiche im Keller haben". www.geo.de/GEOlino mensch/redewendungen/deutsch/70000.html)

Aufgaben

1. Ergänze folgende Sätze.

a) *Viele Kinder starben früher, bevor man* ______________________

b) *Früher durfte man ungetaufte Tote* ______________________,

deswegen hatten manche Leute tatsächlich ______________________

c) *Der tote Wirt im Keller hält in der Hand eine* ______________________

2. Erkläre in eigenen Worten und anhand eines Beispiels, was die Redewendung bedeutet.

____

____

____

3. Notiere stichpunktartig die zwei im Text genannten Erklärungen zur Entstehung der Redewendung.

a) ______________________

b) ______________________

Karla Seedorf

Übungen zum Textverständnis

Dreifach **differenzierte Arbeitsblätter** für den Deutschunterricht

Klasse 5|6

Verlag an der Ruhr

Impressum

Titel

Übungen zum Textverständnis

Dreifach differenzierte Arbeitsblätter für den Deutschunterricht

Autorin

Karla Seedorf

Titelbildmotiv

© lassedesignen – Fotolia.com

Fotos

S. 9: (Feuerwehrmann) © Andrea Booher – wikimedia.org; S. 11: (Hase) wikimedia.org; S. 13: (Störtebeker) © Bernd Sterzl – PIXELIO; S. 15: (Kinder) © godfer – Fotolia.com; S. 24: (links) © LACMA Image Library – wikimedia.org, (mitte) © Korall – wikimedia.org, (rechts) © Frank C. Müller – wikimedia.org; S. 29: (Backstube) © DELAHAY – Fotolia.com; S. 32: (Fastfood) © Angela Shirinov – Fotolia.com; S. 34: (Thomas Young) wikimedia.org; S. 36: (Wolf) © Gary Kramer – wikimedia.org; S. 38: (Pfanzaktion) © Jean-Luc Henry – wikimedia.org; S. 40: (Mücke) © James Gathany – wikimedia.org; S. 44: (Papiertaschentücher) wikimedia.org

Verlag an der Ruhr
Mülheim an der Ruhr
www.verlagruhr.de

Geeignet für die Klassen 5/6

ISBN 978-3-8346-2394-2

Printed in Germany

Tierisch klug: Gebärdensprache und Zwitschergrammatik (1/2)

[...] Viele Wissenschaftler halten Menschenaffen für die klügsten Tiere. Lange haben sie darum versucht, ihnen das Sprechen beizubringen. Dass das nicht funktionieren konnte, mussten dann erst einmal die Menschen begreifen:
Der Mund der Affen ist einfach anders gebaut, sie können darum beim besten Willen nicht die gleichen Laute formen wie wir. Dann aber hatten Psychologen eine großartige Idee: Sie brachten der jungen Schimpansin Washoe die Gebärdensprache bei, in der auch taubstumme Menschen miteinander kommunizieren.

Roger Fouts heißt der Mann, der für Washoe bald zu einem echten Freund wurde. Er zog sie so auf, wie Eltern ein gehörloses Kind erziehen würden. Und Washoe zeigte den Menschen, dass Affen wirklich denken können. Als sie das Wortzeichen für „Geruch" noch nicht kannte, machte sie stattdessen kurz entschlossen das Zeichen für „Blume". Als sie einen Schwan sah, nannte sie ihn „Wasservogel". Würden wir nicht das Gleiche machen, wenn wir eine neue Sprache erlernen würden und uns noch niemand das Wort für „Schwan" beigebracht hätte? Als man Washoe fragte, was das im Spiegel sei, antwortete sie: „Ich, Washoe."

Und dann geschah noch etwas: Washoe bekam den Schimpansen Loulis als Adoptivsohn und brachte ihm die Zeichensprache bei. Bald unterhielten sich die Schimpansen untereinander – mit Wortzeichen, die Loulis niemals bei einem Menschen gesehen hatte.

Manche Papageien haben den Affen in dieser Hinsicht etwas voraus: Sie können menschliche Worte aussprechen. Ob sie aber verstehen, was sie da sagen? Das ist schwierig zu beantworten. Der Graupapagei Alex ist auf jeden Fall ein Star. Seine Trainerin zeigt ihm zwei Holzdreiecke, das eine blau und das andere grün, und fragt: „Was ist gleich, Alex?" Da kräht Alex: „Form!" Sie fragt weiter: „Und wie heißt das Material?", worauf der Papagei antwortet: „Holz!" Zumindest Alex scheint also zu wissen, was er da sagt!

Den meisten Vögeln aber kann man weder menschliche Laute beibringen noch die Zeichensprache. Doch ihr Gesang erscheint uns ähnlich vielseitig wie unsere Sprache. [...]

(Quelle: Laura Hennemann: Tierisch klug. In: www.geo.de/GEOlino/natur/tiere/70731.html?p=1, Hamburg 25.1.2012)

Aufgaben
Teil 1

1. **Ergänze folgende Aussagen zum Artikel „Tierisch klug".**

   a) Bei dem Text handelt es sich um einen Sachtext, weil

   ____

   b) Die im Artikel verwendete Sprache ist

   ____

2. **Stelle in einem Einleitungssatz den Artikel vor, indem du die folgenden W-Fragen beantwortest.**

   a) *Wer* schrieb den Artikel?

   ____

   b) *Wann* und *wo* erschien er?

   ____

   c) *Worum* geht es darin?

   ____ ▶▶▶

Tierisch klug: Gebärdensprache und Zwitschergrammatik (2/2)

Aufgaben
Teil 2

d) Einleitungssatz:

____

____

____

3. Lies den Text nochmals aufmerksam durch. Schreibe anschließend die richtigen Fragen zu folgenden Antworten in die jeweiligen darüberstehenden Leerzeilen.

a) ____?

Ihre Sprechorgane sind so geformt, dass sie keine menschlichen Laute produzieren können.

b) ____?

So bezeichnet man die Sprache, die für taubstumme Menschen entwickelt wurde.

c) ____?

Sie verwendete statt des Wortes „Geruch“, das man ihr noch nicht beigebracht hatte, das Wort „Blume“.

4. Ergänze folgende Sätze durch Zusammenfassen der jeweiligen Textstelle in eigenen Worten.

a) Die Behauptung, dass Tiere denken können, belegt ein Experiment, bei dem

____

b) Dabei stellten die Forscher fest, dass Washoe in der Lage war,

____

c) Das Verhalten des Papageien Alex ist ein weiteres Beispiel für die Denkleistung von Tieren, denn

____

5. Formuliere ein Gegenargument.

Behauptung: Tiere können nicht denken wie wir Menschen,
Begründung: denn

____

Beispiel:

____

____

____

Die Vergessenskurve (1/2)

Habt ihr auch Probleme beim Vokabelnlernen? Wollen die Wörter einfach nicht in eurem Kopf bleiben? Das ist ganz normal. Der Gedächtnisforscher Hermann Ebbinghaus (1850–1909) hat damals schon herausgefunden, woran das liegt: Stures Pauken bringt nichts! Das hat Ebbinghaus in einem Selbstversuch festgestellt. Dabei hat er versucht, sich Reihen von sinnlosen Silben zu merken, z. B. „bap", „luc", „kop"... Die hat er so lange gelernt, bis er sie auswendig konnte – bis sie also in seinem Kurzzeitgedächtnis abgespeichert waren. Dann hat er eine halbe Stunde gewartet, überprüft, was er noch wusste und – siehe da – die Hälfte war vergessen. Wartete er noch länger, nahm seine Erinnerung zwar langsamer ab, aber insgesamt blieb nicht mehr als ein Fünftel im Gedächtnis. Dieser kleine Prozentsatz hatte es offenbar bis in sein Langzeitgedächtnis geschafft. Nicht grade viel.
Dieses Phänomen hat er auf seiner Vergessenskurve eingetragen: Zuerst nimmt die Erinnerung sehr schnell ab, später langsamer.

Der Grund des Vergessens war aber nicht die halbstündige Pause. Durch strenges Wiederholen direkt im Anschluss an eine Lernphase kann man seine Vergesslichkeit nämlich auch nicht überlisten. Das konnte Ebbinghaus mit zwei Gruppen von Leuten nachweisen. Die eine Gruppe sollte, nachdem sie die Silben gerade auswendig konnte, direkt weiterüben, die andere Gruppe lernte gar nichts mehr. Am nächsten Tag waren die Ergebnisse beider Gruppen bei der Abfrage ähnlich schlecht.

Aber wie macht man es dann richtig? Natürlich gibt es einen Trick, wie man sich z. B. Vokabeln besser merken kann. Zuerst lernt ihr wie gewohnt die Vokabeln so lange, bis ihr sie könnt. Dann lasst ihr sie 5–10 Minuten liegen und macht während der Zeit etwas anderes. Stellt euch darauf ein, dass ihr nach der Pause einen Teil der Wörter schon wieder vergessen habt. Dann wiederholt ihr zum ersten Mal. Und zwar so lange, bis ihr die Vokabeln wieder alle könnt. Dann legt ihr sie wieder zur Seite. Diesmal 10–20 Minuten. Ihr werdet feststellen, dass ihr zwar wieder einiges vergesst, aber viel weniger als zuvor. Dabei [hilft] euch ein von Ebbinghaus beschriebenes Phänomen [...], nämlich dass das Vergessen mit der Zeit automatisch nachlässt.
Das unterstützt ihr noch dadurch, dass ihr nach der zweiten Unterbrechung noch mal alles Verlorengegangene wiederholt. Dann wird noch mal 20–30 Minuten gewartet. Zum Schluss checkt ihr, was alles hängen geblieben ist. Eigentlich müsstet ihr jetzt fast alle Vokabeln können. Wer das häufiger macht, ist für alles gerüstet.

(Quelle: Vergessenskurve. In: www.wdr.de/tv/wissenmachtah/bibliothek/vergessenskurve.php5)

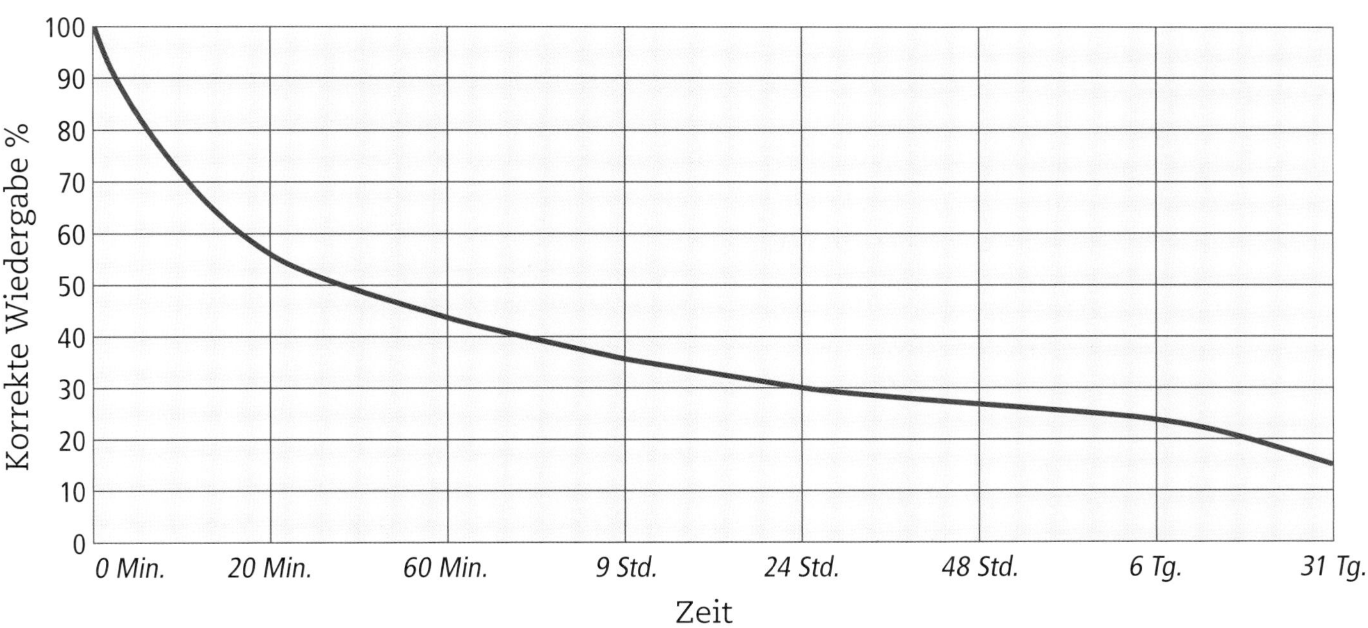

Vergessenskurve nach Ebbinghaus

Die Vergessenskurve (2/2)

Aufgaben

1. Kreuze an: Welcher Satz fasst das Thema des Textes „Die Vergessenskurve" am besten zusammen?

☐ Der Text befasst sich mit den Ursachen, weshalb wir uns Vokabeln so schlecht merken können.

☐ Der Text befasst sich mit Experimenten des Gedächtnisforschers Hermann Ebbinghaus und zeigt, wie Gelerntes möglichst schnell vom Kurzzeit- ins Langzeitgedächtnis gelangt.

☐ Der Text stellt Tricks zum Vokabellernen vor und warnt vor zu wenigen Pausen.

2. Fasse stichpunktartig zusammen:

a) Welche Nachteile hat stures Auswendiglernen laut Text?

____

b) Ergänze stichpunktartig weitere Nachteile sowie negative Folgen.

____

3. Ergänze die Zeitangaben in der grafischen Zusammenfassung des Textes.

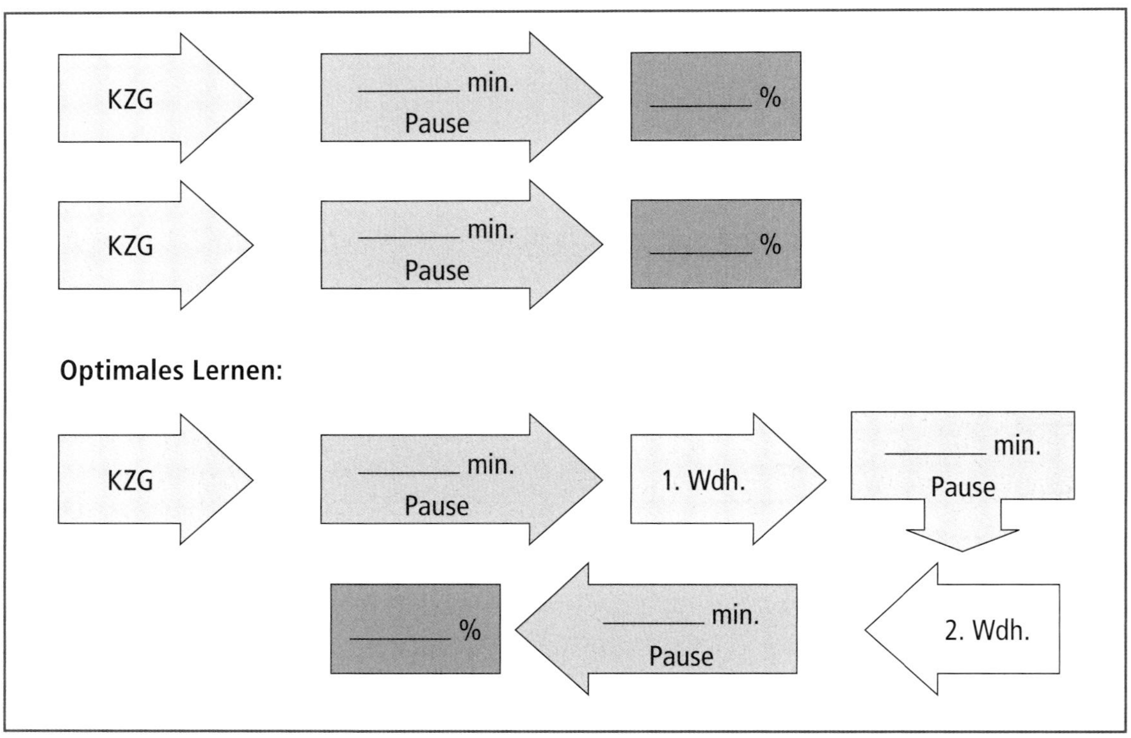

Tipp

Weitere Lerntipps zu unterschiedlichen Lerntypen oder gehirngerechten Arbeitstechniken, wie z. B. Mindmap oder Karteikartenmethode, findest du unter www.lernen-heute.de/download/ebook_lerntechniken_schule.pdf

Abkürzungserklärung:
KZG = Kurzzeitgedächtnis
LZG = Langzeitgedächtnis
min. = Minute
Wdh. = Wiederholung

Der größte Feueralarm unserer Zeit (1/2)

Es gibt zahlreiche Berufe, deren Aufgabe darin besteht, andere Menschen unter Einsatz des eigenen Lebens zu retten. Zu ihnen zählen auch die Frauen und Männer der Feuerwehr. [S]ie kennen die Gefahren und üben ihren Beruf aus Überzeugung aus.
Selbstlos betreten sie brennende Häuser, um nach Verletzten zu suchen, die sich nicht aus eigener Kraft befreien können. Auch bei Überschwemmungen, Giftgasalarm oder Umweltkatastrophen sind die Feuerwehrleute als Erste an Ort und Stelle. Jede Minute müssen Tausende Feuerwehrleute auf der ganzen Welt mit einem lebensgefährlichen Einsatz rechnen.

Den größten Feueralarm unserer Zeit erreicht die Feuerwehr von New York am Morgen des 11. Septembers 2001. Terroristen haben zwei Passagierflugzeuge entführt und in die beiden Türme des World Trade Center gelenkt. Die oberen der insgesamt 110 Stockwerke gehen sofort in Flammen auf. Nur wenige Minuten nach den Einschlägen der Flugzeuge treffen die ersten Trupps ein. Schnell ist klar, was zu tun ist. 18 000 Menschen arbeiten um diese Zeit in den beiden Türmen, sie müssen so schnell wie möglich **evakuiert** werden. Verletzte sind zu versorgen und die Treppen hinunterzutragen, denn die Aufzüge sind ausgefallen. Hunderte Feuerwehrleute sprinten die Treppen der über 400 Meter hohen Türme hinauf, um in die oberen Geschosse zu gelangen, wo die schweren Feuer wüten. Keuchend kämpfen sie sich durch die sich mit Rauch füllenden Treppenhäuser und lenken die Menschen nach unten. Tausende fliehen aus den Türmen, während die Feuerwehrleute sich weiter nach oben vorarbeiten, um sich den **Brandherden** zu nähern. Haben sie vielleicht noch eine Chance, die Feuer zu löschen? Diese Hoffnung währte nur kurz. Ohne Vorwarnung stürzt zuerst der Südturm und eine halbe Stunde später der Nordturm ein. Dabei sterben mehr als 2 700 Menschen, 343 von ihnen sind Feuerwehrleute.

Doch mehr als 15 000 Menschen konnten noch rechtzeitig in Sicherheit gebracht werden. Viele von ihnen hätten ohne die Feuerwehrleute nicht überlebt. Über 14 500 Feuerwehrleute sind bei dieser Katastrophe im Einsatz.
Für die Geretteten sind sie Helden, auch wenn dieser Einsatz zu den Aufgaben ihres Berufs gehört.

(Quelle: Bernd Flessner: Sagenhafte Helden. Entdecker, Revolutionäre, Freiheitskämpfer und andere Helden. Beltz & Gelberg 2009, S. 164 ff.)

Ein New Yorker Feuerwehrmann bei Aufräumarbeiten am World Trade Center.

Der größte Feueralarm unserer Zeit (2/2)

Aufgaben

1. Erkläre die markierten Wörter aus dem Textzusammenhang oder durch Nachschlagen im Wörterbuch.

a) „selbstlos“ (Z. 6) bedeutet

____

b) „evakuieren“ (Z. 22) bedeutet

____

c) ein „Brandherd“ (Z. 30) ist

____

2. Lies den Text nochmals durch und unterstreiche alle allgemeingültigen Informationen über den Beruf Feuerwehrmann bzw. Feuerwehrfrau. Notiere die Informationen in Stichwörtern.

____

____

____

3. Beantworte folgende Fragen zum New Yorker Feuerwehreinsatz am 11. September 2001 in ganzen Sätzen und, falls angegeben, mit genauen Zahlenangaben.

a) Warum stellt dieser Einsatz einen Rekord dar?

____

b) Wodurch wurde der Brand ausgelöst und wie entwickelte sich das Feuer?

____

c) Wie viele Menschen konnten von wie vielen Feuerwehrleuten gerettet werden?

____

d) Wie viele Menschen kamen bei dem Brand ums Leben?

____

Zusätzliches

Ergänze dein Wissen über Feuerwehrleute durch Nachschlagen in einem (Online-)Lexikon. Fasse dann ausführlich zusammen, wofür die Feuerwehr zuständig ist.

4. Im letzten Satz des Artikels werden die Feuerwehrleute von New York als „Helden“ bezeichnet. Erkläre den Begriff „Held“ in eigenen Worten und gib Beispiele dafür an.

____

____

© Verlag an der Ruhr | Autorin: Karla Seedorf | ISBN 978-3-8346-2394-2 | www.verlagruhr.de

Albrecht Dürer und der Preis der Neugier (1/2)

Albrecht Dürer, geboren am 21. Mai 1471 in Nürnberg, wo er am 6. April 1528 auch starb, war einer der bedeutendsten deutschen Künstler. Er betätigte sich u. a. als Maler, Grafiker und Mathematiker.

Auf allen Reisen war Albrecht an ihm unbekannten Tieren interessiert. Er hat sie gezeichnet und gemalt. Mit staunenden Augen muss Dürer über die Märkte von Venedig gegangen sein und die frisch in der Adria gefangenen Meerestiere bewundert haben. Man kann sich vorstellen, wie Dürer fasziniert vor dem Stand eines Fischhändlers stehen bleibt und in die Kisten blickt, in denen es krabbelt und zappelt. Routiniert greift der Händler in einen Korb und hält dem verblüfften Dürer einen Hummer unter die Nase. Ein Spaß, den er sich mit allen ausländischen Reisenden macht. [...] Dürer kauft das Tier. So etwas hat er in Nürnberg noch nie zu sehen bekommen, das will er unbedingt zeichnen.

[...] Albrecht Dürer war unendlich wissbegierig. Alles, was er nicht kannte und zum ersten Mal sieht, versucht er in seiner Kunst festzuhalten. Sogar an seinem Tod ist dieser Wissensdrang nicht ganz unschuldig: Auf seiner Reise in die Niederlande 1521 kommt ihm zu Ohren, an der Küste sei ein riesiger Wal gestrandet. Dürer will das Tier unbedingt sehen und zeichnen. Als er in dem mückenverseuchten Sumpf ankommt, hat die Meeresflut den toten Wal schon wieder weggetrieben. Bald darauf wird Dürer schwer krank. Heftige Fieberanfälle schütteln ihn. Er ist im Sumpfland von einer Mücke gestochen worden, die Malaria überträgt. Sieben Jahre bis zu seinem Tod quälen ihn Fieberanfälle in regelmäßigen Abständen. Dürer stirbt, weil er das größte Tier der Erde zeichnen wollte. Durch den Stich einer winzigen Mücke!

Kein Künstler vor Dürer hätte sich in einen malariaverseuchten Sumpf gewagt. Nur um ein Tier zu zeichnen, das er noch nie gesehen hat! Natürlich sind auch vor Dürer Tiere von Künstlern dargestellt worden. Man machte sich allerdings nicht die Mühe, diese Tiere genauer zu beobachten oder ihr Verhalten zu studieren. Wenn man für ein Bild einen Löwen oder einen Adler suchte, dann schlug man dafür in einem Vorlagenbuch nach und zeichnete das Tier daraus ab. Dürer genügt das nicht. Er will so viel wie möglich über die Natur, das Leben und die Kunst wissen. [...] Der Preis für diese wissenschaftliche Neugier ist hoch.

(Quelle: Dieter Salzgeber: Albrecht Dürer – Das Rhinozeros. Rowohlt 1999. S. 66–68.)

Das berühmteste Naturbild von Dürer ist der Hase, der bis in die kleinsten Details der Natur nachgebildet ist.

Albrecht Dürer und der Preis der Neugier (2/2)

Aufgaben

1. **Nenne das Substantiv, das sich vom Adjektiv „routiniert" (Z. 12) ableiten lässt und erkläre anhand eines Beispielsatzes, was es bedeutet.**

____

____

2. **Korrigiere folgende Worterklärung, indem du die falschen Informationen durchstreichst und die richtigen darüber schreibst.**

Info

Malaria

Malaria ist eine Infektionskrankheit, die vor allem in Stumpfgebieten auftritt.

Sie wird von Stechmücken auf Menschen übertragen.

Die Krankheit löst hohe, wiederkehrende Fieberfälle aus und kann tödlich enden.

3. **Kreuze alle richtigen Antworten an – es können auch mehrere pro Aufgabe korrekt sein.**

a) Albrecht Dürer reiste viel, weil er …
- ☐ sehr wissbegierig und neugierig war.
- ☐ als berühmter Maler jederzeit Urlaub machen konnte.
- ☐ unbekannte Tiere studieren und malen wollte.
- ☐ sich auf seinen Reisen gesundheitlich erholen wollte.

b) Albrecht Dürer starb …
- ☐ , weil er einen toten Wal angefasst hatte.
- ☐ , weil er im Sumpf nicht aufgepasst hatte.
- ☐ , nachdem er von einer Malariamücke gestochen wurde.
- ☐ sieben Jahren nach seiner Reise in die Niederlande.

4. **Was ist nach Meinung des Autors das Besondere am Künstler Albrecht Dürer, das ihn von anderen Malern seiner Zeit unterscheidet? Gib die Ansicht des Autors in eigenen Worten wieder.**

____

____

____

Piraten – Die Guten und die Bösen (1/2)

Die Piraten waren gewöhnlich die Bösen. Sie überfielen Handelsschiffe, mordeten die Besatzung, raubten, was nicht niet- und nagelfest war, plünderten Küstenstädte und segelten mit reicher Beute davon. Sie soffen Rum, fluchten fürchterlich und hatten dreckige Fingernägel. Glaub aber nicht, dass die Überfallenen immer die Guten waren und saubere Fingernägel hatten.

Piraten gab es zu allen Zeiten, auf allen Meeren und in allen Farben und Schattierungen. Piraten gibt es auch heute noch. Zur See und in der Luft. Seeräubern gab man verschiedene Namen: Barbaresken, Bukaniere, Filibuster, Freibeuter, Kaperer, Korsaren, Piraten, Privatiers …

Die schönste Zeit für Seeräuber war die Zeit vor etwa 500 bis 400 Jahren. Sie wird auch „das goldene Zeitalter der Piraten" genannt. Denn um Gold, um sehr viel Gold ging es damals. Und das kam so: Schon bald nach der Entdeckung Amerikas segelten die Spanier mit riesigen Mengen Gold von Südamerika nach Europa. Die schwer beladenen Galeonen mussten durch das Karibische Meer, das mit seinen vielen Inseln und versteckten Buchten ideale Schlupfwinkel für Piraten bot. Dort lauerten sie den Goldtransporten auf. Das Gold übrigens hatten die Spanier den Indianern des Inkareiches in Südamerika geraubt. Du siehst, so einfach ist die Sache mit den Guten und den Bösen nicht, und dreckige Fingernägel haben damit überhaupt nichts zu tun.

Natürlich versuchten die Spanier sich vor Piraten zu schützen. Eine Galeone war oft mit 70 Kanonen bestückt und hatte eine Schar schwer bewaffneter Soldaten an Bord. Hohe Aufbauten (Kastelle) sollten das Entern des Schiffes erschweren. Doch so ein schwer beladener Goldtransport war langsam und plump. Piraten bevorzugten kleinere Schiffe, die schnell und wendig waren. Sie ließen sich leicht in kleinen Buchten und in vom Urwald überwachsenen Flussläufen verstecken. Tauchte fette Beute auf, konnte man blitzschnell zuschlagen.

[…] War man […] wochenlang auf hoher See, sah die Speisekarte etwas eintönig aus. Nur Nahrungsmittel, die sich hielten, konnten mitgenommen werden: Schiffszwieback, Bohnen, Pökelfleisch (in Salzlauge eingelegtes Fleisch). Fisch war frisch, wenn man Zeit zum Angeln hatte. Manche Schiffe führten auch lebende Ziegen und Hühner mit. […]

Durch die einseitige Ernährung und den Mangel an frischem Gemüse kam es häufig zu Krankheiten. Skorbut zum Beispiel: Das Zahnfleisch färbt sich blaurot, beginnt zu bluten und schließlich fallen die Zähne aus. […] Als man entdeckte, dass Vitamin C diese Krankheit verhindert, führte man auch Sauerkraut, Zitronen und Zwiebeln in den Speiseplan der Seeleute ein. […]

(Quelle: Erich Ballinger: Piraten – Alles, was du wissen willst. Annette Betz, 2001)

Klaus Störtebeker war der berühmteste deutsche Seeräuber

Piraten – Die Guten und die Bösen (2/2)

Aufgaben

1. Entscheide aus dem Textzusammenhang heraus, was folgende Wörter bedeuten.

a) *Galeonen sind* ____________________

b) *Filibuster ist ein anderes Wort für* ____________________

c) *Kastelle nennt man auch* ____________________

d) *Pökelfleisch ist* ____________________

e) *Skorbut ist* ____________________

2. Unterstreiche im Text in zwei verschiedenen Farben, welche Vor- und Nachteile das Piratendasein mit sich bringt. Ergänze jeweils zwei bis drei weitere Vor- und Nachteile dieses „Berufes".

Vorteile: ____________________

____

Nachteile: ____________________

____

3. Erkläre in eigenen Worten, was mit dem Begriff „Goldenes Zeitalter der Piraten" gemeint ist.

____

____

4. Löse das Silbenrätsel mithilfe der Informationen aus dem Text.

a) Das … Meer ist ein idealer Piratenschlupfwinkel: _ _ _ _ _ _ _ _ _ _ _ (1)

b) anderer Name für Piraten: _ _ _ _ _ _ _ _ (2, 7)

c) Lieblingsgetränk der Piraten: _ _ _ (3)

d) Besonders lang haltbares Brot, das auf langen Schiffsreisen mitgeführt wurde:

_ _ _ _ _ _ _ _ _ _ _ _ _ _ (6)

e) Vitamin C-reiches Gemüse: _ _ _ _ _ _ _ (4)

f) Folge von Skorbut: Zahnfleisch-_ _ _ _ _ _ (5, 8)

Lösungswort: anderer Name für Schiffsküche: _ _ _ _ _ _ _ _ (1 2 3 4 5 6 7 8)

Die Pubertät:
Wenn der Körper verrücktspielt (1/2)

[…] Das Wort „Pubertät" kommt aus dem Lateinischen und heißt übersetzt etwa „Geschlechtsreife". Das bedeutet, dass sich dein Körper vom Mädchen- auf das Frausein beziehungsweise vom Jungen- auf das Mannsein umstellt. Bei Mädchen bedeutet „geschlechtsreif", dass sie körperlich in der Lage sind, Kinder zu bekommen. Geschlechtsreife Jungen sind in der Lage, Kinder zu zeugen. Die Pubertät – man spricht auch von den „Entwicklungsjahren" – ist ein natürlicher Vorgang, der sich automatisch in deinem Körper abspielt und auf den du kaum Einfluss nehmen kannst.

So verschieden die Pubertät bei Mädchen und Jungen auch abläuft, es gibt doch einige Gemeinsamkeiten: In dieser Zeit leidest du verstärkt unter Stimmungsschwankungen, Reizbarkeit und mieser Laune, du fühlst dich oft auch unsicher und unwohl im eigenen Körper. Bei manchen Jugendlichen verläuft die Pubertät weniger schwierig, bei anderen kann das so weit gehen, dass es zu Essstörungen, Depressionen und anderen psychischen Problemen kommt. In dieser Zeit, in der du bemerkst, dass dein Körper und dein seelisches Erleben sich extrem verändern, plagen dich oft Selbstzweifel und du hast viel häufiger Zoff mit deinen Eltern und Geschwistern. Für viele werden die gleichaltrigen Freunde zu den engsten Vertrauten, während man sich von der Familie stärker distanziert. Trotz der Probleme ist die Pubertät eine aufregende Zeit, die auch jeder Erwachsene einmal durchlebt hat und die einige Überraschungen bereit hält. Meist fällt die Pubertät auch in jene Lebensphase, in der wir das erste Mal richtig verliebt sind und unsere ersten „Liebeserfahrungen" mit dem anderen Geschlecht machen.

Der Zeitpunkt, wann die Pubertät beginnt, ist sehr verschieden. Sie setzt mit ungefähr neun bis zwölf Jahren ein und endet mit etwa 18 Jahren. Bei Mädchen beginnt die Pubertät meist ein bis zwei Jahre früher als bei Jungen. Wann die Pubertät einsetzt, hängt von verschiedenen Dingen ab, zum großen Teil aber von deinen Genen. Gene sind das Erbmaterial, das deine Eltern an dich weitergegeben haben und das auch für dein einzigartiges Aussehen verantwortlich ist. Ebenso deine Ernährungs- und Lebensweise können das Einsetzen der Pubertät beeinflussen: Extremsport oder starkes Untergewicht können sie verzögern, bei übergewichtigen oder seelisch verletzlichen Mädchen und Jungen kann sie auch früher einsetzen. Außerdem folgt die Pubertät keinem festen „Ablaufplan". Das heißt, ein Junge, der bereits im Stimmbruch ist, kann gleichzeitig noch kein einziges Barthaar haben und ein Mädchen, dessen Brüste bereits deutlich gewachsen sind, muss noch lange nicht ihre Monatsblutung haben. Bei einigen setzt die Pubertät insgesamt erst sehr spät ein und auch das ist normal. Wenn du mit 15 Jahren noch keine körperliche Veränderung merkst, solltest du dich an deine Eltern, ein älteres Geschwister oder einen Arzt wenden. […]

(Quelle: Brigitte Kinateder, Britta Pawlak: Die Pubertät: Wenn der Körper verrücktspielt. www.helles-koepfchen.de/artikel/3404.html)

Während der Pubertät werden Freunde oft wichtiger als die Eltern.

Die Pubertät: Wenn der Körper verrücktspielt (2/2)

Aufgaben

1. **Lies den Text „Die Pubertät: Wenn der Körper verrücktspielt" aufmerksam durch und markiere die drei Absätze, die jeweils inhaltlich zusammengehören, mit ①, ② und ③. Schreibe für jeden Absatz eine passende Überschrift in folgende Leerzeilen.**

   ① ______________________________

   ② ______________________________

   ③ ______________________________

2. **Markiere im zweiten und dritten Absatz wichtige Schlagworte. (Es reicht, wenn du wie im ersten Absatz aussagekräftige Substantive, Verben und Adjektive farbig kennzeichnest.)**

3. **Kreuze richtige Aussagen an.**
   - ☐ Die meisten Jugendlichen leiden unter psychischen Störungen.
   - ☐ Im Schnitt sind Mädchen in ihrer körperlichen Entwicklung den Jungs ein bis zwei Jahre voraus.
   - ☐ Bei Übergewichtigen oder Extremsportlern setzt die Pubertät tendenziell eher später ein.
   - ☐ Spätestens mit 15 Jahren sollten sich körperliche Veränderungen bemerkbar machen.

4. **Beantworte anhand des Textes: Welche Rolle spielen die Gene bei der Pubertät?**

   ____

   ____

5. **Unterstreiche alle positiven Auswirkungen der Pubertät grün, die negativen rot und neutrale Veränderungen blau. Ergänze aus deiner Erfahrung weitere positive, negative und neutrale Effekte:**

   ☺: ______________________________

   ☹: ______________________________

   😐: ______________________________

6. **Schreibe mithilfe der markierten Schlagworte im ersten Absatz einen Lexikoneintrag zum Begriff „Pubertät".**

   ____

   ____

   ____

   ____

   ____

Surftipp

Unter www.helles-koepfchen.de/artikel/3404.html findest du weitere Informationen über die Pubertät.

© Verlag an der Ruhr | Autorin: Karla Seedorf | ISBN 978-3-8346-2394-2 | www.verlagruhr.de

Traumberuf Mangaka (1/2)

2

Alles begann mit dem „König der Löwen". Die Zeichentrickfiguren Mufasa und Simba tapsten über den Bildschirm. Die sechsjährige Judith Park holte Bleistift und Zeichenblock und zeichnete die Tiere mit den Riesenmähnen ab. Mit 13 entdeckte sie **Manga**. Sie übte ohne Unterlass an den japanischen Figuren mit Kulleraugen und **Wespentaillen**. Bald entwickelte sie ihre eigenen Charaktere und Geschichten. „Zeichnen ist meine Sucht", sagt Judith Park heute, mit Anfang zwanzig. „Wenn ich einen Stift in die Finger kriege, muss ich sofort herumkritzeln, als würde sich meine Hand verselbstständigen."

Und bald verselbstständigt sich ihr Traum. Der Traum, einmal einen Comic zu veröffentlichen. Mit 18 gewinnt sie einen Zeichenwettbewerb. Danach geht alles ganz schnell: Sie zeichnet ihre erste Serie „Dystopia – Love at last Sight", die im Mädchen-Manga-Magazin „Dystopia" erscheint. Weitere Manga-Serien folgen, werden als Taschenbücher veröffentlicht. Ihre Fangemeinde wächst. Was ist das Geheimnis ihres Erfolges? Vielleicht der sehr individuelle Zeichenstil und die ungewöhnlichen Themen? Denn die gezeichneten Augen ihrer Figuren sind nicht nur rund, sondern auch mal katzenförmig, die Nasen nicht mangatypisch stupsig, sondern auch mal knubbelig. Und auch bei ihren Themen verlässt sie ausgetretene Pfade. In „Dystopia" greift sie zum Beispiel das Thema **Klonen** auf. Natürlich geht es auch um Liebe, Freundschaft und Gefühle.

Ihr Traumberuf ist richtig harte Arbeit, bis zu neun Stunden täglich. Wenn ein Abgabetermin naht, sitzt sie bis morgens um fünf am Computer und Zeichentisch. Und wie entstehen ihre Geschichten? Judith: „Zuerst denke ich mir eine Story aus, dann skizziere ich sie, schicke sie an den Verlag. Später **koloriere** und bearbeite ich sie am Computer. Das macht mir besonders viel Spaß."

Eine Traum-Karriere hat die Deutschkoreanerin hingelegt. Und das alles im Learning-by-Doing-Verfahren? Judith Park: „Ja, wenn ich Zeitdruck habe, muss ich schneller zeichnen, aber die gleiche Qualität liefern. Das bringt mich weiter. Es ist alles Learning by doing, denn eine Schule für angehende **Mangaka** gibt es nicht." Und die Vorbilder kommen aus dem Heimatland der Manga: In Japan, wo Manga Millionenauflagen haben, ist der Beruf Mangaka schon lange anerkannt. Häufig steigen dort talentierte Zeichner als Assistenten bei schon bekannten Mangakas ein. Oder sie werden – wie Judith Park – bei einem Zeichenwettbewerb entdeckt. Und Judiths Traum für die Zukunft? Judith: „Irgendwann einmal in Südkorea einen **Manwha**, das ist die koreanische ‚Schwester' der Manga, veröffentlichen."

(Quelle: Inge Nordhoff: Treff-Schülerwissen Traum-Berufe. Spannende und ungewöhnliche Jobs. Velber Verlag, Freiburg 2006. S. 65f.)

Aufgaben
Teil 1

1. Schreibe aus folgender Auswahl zwei passende Zwischenüberschriften in die Leerzeilen oben.

- Knubbelige Nasen
- Keine Schule für Mangaka
- Die koreanische Schwester
- Ihre Fangemeinde wächst

▸▸▸▸

Traumberuf Mangaka (2/2)

Aufgaben
Teil 2

2. Ergänze folgende Aussagen zum Artikel „Traumberuf Mangaka".

Bei dem Text handelt es sich um einen Sachtext, weil

____

____

3. Stelle in einem Einleitungssatz den Artikel vor, in dem du die W-Fragen (Wer schrieb den Artikel? Wann und wo erschien er? Worum geht es darin?) beantwortest.

____

____

____

4. Streiche in jeder Erklärungszeile die beiden falschen Worterklärungen durch.

a) Manga		
japanische Comicfigur mit Kulleraugen und Wespentaille	japanische Stadt, nach der ein Comiczeichenstil benannt ist	japanischer Comic, der von rechts nach links gelesen wird
b) Wespentaille		
Körperteile der Wespe	schmale, betonte Taille	Wespenflügel
c) Klonen		
Erzeugung genetisch identischer Kopien von Lebewesen durch künstliche, ungeschlechtliche Vermehrung	Teilbereich der Zukunftsforschung, die sich zum Ziel gesetzt hat, Leben auf dem Mond zu ermöglichen	norddeutsch/umgangssprachlich: eine Unterhaltung/ein Gespräch führen
d) kolorieren		
eine Zeichnung verbessern durch Änderung der Perspektive	intensiv nachdenken, über ein Thema grübeln	eine Zeichnung oder Grafik mit Wasserfarben ausmalen
e) Mangaka		
japanischer Begriff für „Comiczeichner(in)"	koreanischer Begriff für „Schriftsteller(in)"	japanischer Ausdruck für begabte Zeichner(innen)
f) Manwha		
koreanischer Begriff für „Schwester"	westliche Bezeichnung für südkoreanische Comics	„Himmelsbrot" der Israeliten bei ihrer Wüstenwanderung

5. Unterstreiche die zusammengehörigen Satzteile jeweils in der gleichen Farbe.

Judith Park	geht es um	einen Zeichenwettbewerb.
Für Mangaka	gewann mit 18 Jahren	keine Schule.
Im Comic „Dystopia"	gibt es	das Thema Klonen.

Psychoterror im Web: Cybermobbing (1/2)

[...] „Cybermobbing" [...] findet [...] nicht draußen in der „echten" Welt statt, sondern in der Cyberwelt – das heißt im Internet (in Foren und Communitys, auf ____________ oder Youtube) oder über das Handy. Dabei werden Menschen anonym beleidigt, bedroht oder durch peinliche Fotos und Videos bloßgestellt. Das Wort „Mobbing" kommt aus dem Englischen und heißt so viel wie „anpöbeln"/„fertigmachen". [...] Besonders unter Kindern und Jugendlichen in der Schule nimmt Cybermobbing immer mehr zu.
Die Opfer leiden sehr stark unter den Angriffen und wissen oft nicht einmal, wer sich hinter den Gemeinheiten, Bloßstellungen oder Bedrängungen im Netz verbirgt. [...]

Wie kann ich mich vor Cybermobbing schützen?
Für Kinder und Jugendliche ist es ratsam, sich ausschließlich in betreuten Communitys und Foren [...] sowie überwachten Chatrooms auszutauschen. Hier werden alle Inhalte überprüft, es wird verhindert, dass User private ____________ wie ihre Telefonnummer oder Adresse bekannt geben, nicht ____________ Inhalte und Fotos werden gelöscht sowie Benutzerkonten von Usern, die gegen die Regeln verstoßen, gesperrt.

Generell solltest du besonders in Foren und Chats keine ____________ Daten von dir bekannt geben. Es ist auch besser, sich mit einem Nicknamen (also einem „Spitznamen") anzumelden, anstatt den eigenen Namen öffentlich zu machen. [...] Wenn du in Chats und Communitys bedrängt oder beleidigt wirst, hast du im Allgemeinen die Möglichkeit, andere User auf eine „____________" zu setzen – dann können sie keinen Kontakt mehr zu dir aufnehmen. [...] In Communitys kannst du in deinem Benutzerkonto meist auch einstellen, dass nur von dir bestätigte Freunde deine Seite und deine Fotos sehen können. [...]

Was kann ich tun, wenn ich zum Opfer wurde?
Im Internet gelten dieselben Gesetze, die auch im echten Leben gelten. Das bedeutet, dass Beleidigungen, Bedrohungen und der Missbrauch von Texten und Bildern, also alles, was deine „____________" verletzt, strafrechtlich verfolgt wird. [...]

Als erstes solltest du sofort mit einem Erwachsenen wie deinen Eltern, einem Lehrer oder älteren Geschwistern sprechen. Je länger du wartest, desto weiter können sich zum Beispiel Fotos, Videos oder Texte verbreiten. Wichtig ist es außerdem, Beweise zu sammeln: Mache Screenshots von den Webseiten oder sichere Mails, SMS und Bilder. [...] Du, deine Eltern oder andere Vertrauenspersonen sollten sich so bald wie möglich mit den Beweisen an einen Moderator, Administrator, den ____________ der Seite oder den Handyanbieter wenden. Dieser muss dann reagieren und die Angriffe beispielsweise ____________. [...]

Wenn du einen Verdacht hast, welcher Mitschüler oder Bekannte hinter den Angriffen stehen könnte, kannst du mit einem Streitschlichter der Schule oder einem Erwachsenen versuchen, das Gespräch mit ihm oder ihr zu suchen. [...] Weißt du nicht, wer sich hinter den Angriffen verbirgt, und sind die Bedrohungen sehr ernst, solltest du unbedingt zur ____________ gehen. Hast du Beweise gesammelt, kannst du eine Anzeige erstatten. [...]

(Quelle: Birgit Kinateder: Psychoterror im Web: Cybermobbing. www.helles-koepfchen.de/artikel/3090.html)

Aufgaben
Teil 1

1. Trage die passenden Begriffe aus dem Wortspeicher in die Lücken ein.

- Betreiber
- jugendgerechte
- Persönlichkeitsrechte
- Polizei
- löschen
- Daten
- Facebook
- privaten
- Ignore-Liste

Psychoterror im Web: Cybermobbing (2/2)

Aufgaben
Teil 2

2. Finde deutsche Übersetzungen bzw. Worterklärungen für die im Text markierten Begriffe. Entscheide dich beim Erschließen unbekannter Wörter für eine der folgenden Möglichkeiten:

- Erschließe die Bedeutung aus dem Textzusammenhang heraus.
- Leite Wortbestandteile aus einer Fremdsprache (z. B. Englisch oder Latein) ab.
- Schlage das Wort in einem (Online-)Wörterbuch nach.

a) Cybermobbing: ______

b) Forum (Plural: Foren): ______

c) Community: ______

d) anonym: ______

e) Chatroom: ______

f) User: ______

g) Administrator: ______

h) Screenshot: ______

3. Lies den Text nochmals. Markiere weitere dir unbekannte Wörter und schreibe die Erklärung dazu:

______

______

______

4. Fülle den Merkzettel mit Stichpunkten zum Thema „Schutz vor Cybermobbing" aus.

Schutz vor Cybermobbing

Bekommen auch Pflanzen Sonnenbrand? (1/2)

Wenn wir zu lange in der Sonne bleiben und die Sonnenstrahlung zu stark ist, dann bekommen wir einen Sonnenbrand. So ein Sonnenbrand entsteht durch eine Überdosis ultravioletter Strahlung. Diese sogenannten UV-Strahlen können wir zwar nicht sehen, aber unsere Haut und unsere Augen bekommen die Strahlung zu spüren. Zuviel davon kann die empfindliche menschliche Haut stark verbrennen. Bei zu viel Sonne erweitern sich die Blutgefäße in der Haut. Das führt zu einem stärkeren ______________________________, und die Haut wird gerötet. Bei einem starken Sonnenbrand ist die Haut wirklich verbrannt, entzündet und wirft sogar Blasen. Das ist äußerst schmerzhaft. Besonders sonnenbrandgefährdet sind die Schultern, die Nase und die Füße. Häufiger Sonnenbrand erhöht das Risiko, ______________________________ zu bekommen.

Sogar Pflanzen können einen Sonnenbrand bekommen. Durch zu viel Sonne bekommen Baumstämme Risse, oder die Rinde löst sich vom Stamm. So wie die Haut Sonnenbrandblasen bekommt, bekommen auch Blätter ______________ ______________. Die Blätter verfärben sich, rollen sich ein und sterben ab.

Das Wasser reflektiert das Sonnenlicht. Deshalb ist auch am Meer die ______________________________ höher. Wenn am Meer eine angenehme Brise weht, dann übersieht man leicht, wie stark die Sonne ist. Die kühlende Wirkung des Windes mindert die Stärke der energiereichen Ultraviolett-Strahlung nicht und man kann genau so leicht einen starken Sonnenbrand davon tragen wie bei Windstille.

Je höher man auf einen Berg hinaufsteigt, desto größer wird die Gefahr, einen Sonnenbrand zu bekommen. Die Atmosphäre der Erde filtert nämlich die UV-Strahlung nur teilweise. Schon in 5000 Meter Höhe ist die Erdatmosphäre dünner geworden und es kommt mehr gefährliche UV-Strahlung durch. Auf Gletschern und im Schnee erhöht sich die Sonnenbrandgefahr. Nicht nur die Haut kann hier empfindlich unter der Sonne leiden, sondern auch die ____________________.

In der Gletscherregion auf den Bergen, in großer Höhe im Gebirge oder in den Polarregionen kann man sogar schneeblind werden. Die Sonne ist stärker, und der Schnee spiegelt das Sonnenlicht. So wird man zur gleichen Zeit von oben und von unten bestrahlt. Die UV-Strahlung wird vom ____________________ reflektiert. Die Oberfläche der Hornhaut schluckt einen großen Teil dieser schädlichen Strahlung, um das innere Auge zu schützen. Wenn die Hornhaut dies über einen langen Zeitraum tun muss, dann bekommt die Hornhaut Sonnenbrand. Sie trägt Verbrennungen davon. In ganz schweren Fällen von Schneeblindheit kann sogar die äußerste Schicht der Hornhaut zerstört werden und löst sich ab. Das tut sehr weh. Diese Schneeblindheit ist kein ____________________, man erblindet nicht für immer. Aber wenn man die Schneeblindheit nicht von einer Ärztin oder einem Arzt behandeln lässt, dann können Narben an der Hornhaut oder Schäden an der Netzhaut zurückbleiben.

(Quelle: Elke Krasny: Warum ist das Licht so schnell? Niederösterreichisches Pressehaus 2005. S. 95ff.)

Bekommen auch Pflanzen Sonnenbrand? (2/2)

Aufgaben

1. **Fülle die Textlücken mit passenden Begriffen aus dem Wortspeicher.**

- Sonnenbrandgefahr
- Blutfluss
- Augen
- Schnee
- Dauerzustand
- Hautkrebs
- Brandblasen

2. **Schreibe im Text zu jedem Absatz neben die geschweifte Klammer eine passende Überschrift (evtl. in Form einer Frage) oder drei bis vier Stichworte zum Inhalt.**

3. **Erkläre mithilfe deiner Notizen in eigenen Worten, worum es in dem Text geht.**

____

____

____

4. **Ordne die folgenden Fragen dem passenden Textabschnitt zu und beantworte sie anschließend in eigenen Worten.**

a) Warum bekommt man am Meer leichter einen Sonnenbrand? (Abschnitt ___)

____

____

b) Warum bekommt man auf Bergen und im Schnee leichter einen Sonnenbrand? (Abschnitt ___)

____

____

c) Können Pflanzen Sonnenbrand bekommen? (Abschnitt ___)

____

____

d) Wie entsteht ein Sonnenbrand? (Abschnitt ___)

____

____

e) Was ist Schneeblindheit? (Abschnitt ___)

____

____

Mit Siebenmeilenstiefeln durch die Geschichte der Schuhmode (1/2)

Bereits 12 000 Jahre vor unserer Zeitrechnung umwickelten die Menschen ihre Füße mit Lederlappen und Fellstücken, um sie vor Kälte, Nässe und spitzen Steinen zu schützen. Das waren die Anfänge der Fußbekleidung. Doch die einfachsten Formen des heutigen Schuhs haben die Ägypter erfunden. Etwa 3500 Jahre vor Christi Geburt entstanden die ersten Sandalen, also offene Schuhe aus kunstvoll geflochtenem Gras oder Leder, die mit Riemen am Fuß festgehalten wurden.

In vielen frühen Kulturen waren Schuhe ein Zeichen für den sozialen Stand: Das Gefolge des Kaisers trug andere Schuhe als die einfachen Bürger. In Japan konnte man am Schuhwerk den Beruf des Trägers erkennen. Während die Sandale für die alten Griechen eine gewisse Schönheit besitzen musste, stand für die Römer die praktische Seite im Vordergrund: Sie wollten mit bequemen Schuhen die Welt erobern. Erst später schmückten sie sie mit Goldstücken und kostbaren Steinen. In den kälteren Regionen entstanden die ersten geschlossenen Schuhe aus frisch gegerbtem Leder. [...]

Im Laufe der Jahre veränderte sich der Schuh. Die ersten, meist sehr farbenfrohen Stiefel kamen beispielsweise aus dem Orient und durften zunächst nur von Männern getragen werden. Vor rund 800 Jahren erfanden die Perser Reitstiefel mit Absätzen. Sie sollten den Füßen besseren Halt in den Steigbügeln verleihen. Damals konnten sie noch nicht ahnen, dass Damenschuhe mit immer höher werdenden Absätzen die Modewelt erobern würden.

Schon bald sollte der Schuh nicht nur praktisch, sondern auch schick sein. So entwickelten sich im Laufe der Jahrhunderte die verrücktesten Modetrends. Im Spätmittelalter waren beispielsweise die Schnabelschuhe modern. [...]

Im 15. Jahrhundert trugen die reichen und vornehmen Bürger Schuhe aus weichem Leder, Seide und Samt. Hölzerne Unterschuhe, die Trippen, schützten das feine Schuhwerk vor dem Schmutz der Straßen. Außerdem entwickelten sich merkwürdige und sehr unpraktische Schuhformen. [...]
Bis zu dieser Zeit waren die Schuhe für Männer und Frauen gleich. Doch nun begann eine neue Entwicklung: Männer trugen glanzvolle bequeme Stiefel, während sich die Frauen in ihren reich verzierten Schuhen kaum bewegen konnten. Damals fanden auch Männer Schuhe mit hohen Absätzen schön, denn sie machten größer und betonten den Oberkörper. [...]

Erst seit hundert Jahren gibt es unterschiedliche Schuhe für den rechten und linken Fuß, die als „krumme" Schuhe bekannt wurden. Das war eine Revolution, denn nun war der Schuh viel angenehmer zu tragen. Im Allgemeinen mussten Schuhe jedoch vor allem schön sein.

Anfang des 20. Jahrhunderts trugen Frauen häufig die klassischen Pumps. Diese praktischen und eleganten Halbschuhe sind auch heute noch modern. Außerdem waren Plateauschuhe wieder beliebt. [...]

Mitte des 20. Jahrhunderts war der Turnschuh wieder angesagt und wurde in vielen Variationen zum Kultschuh. Vierzig Jahre später erreichte diese Entwicklung vermutlich auch durch Trendsetter wie Madonna ihren Höhepunkt. Designer gestalteten die Sportschuhe mit bunten Spiralen und Zick-Zack-Mustern.

(Quelle: Mit Siebenmeilenstiefeln durch die Geschichte. www.geo.de/GEOlino/kreativ/1202.html?p=1)

Mit Siebenmeilenstiefeln durch die Geschichte der Schuhmode (2/2)

Aufgaben

1. **Unterstreiche die Schlüsselwörter (v. a. aussagekräftige Substantive) im Text.**

2. **Ordne die folgenden Bilder den passenden Begriffen zu und nummeriere sie in der richtigen Reihenfolge.**

a) Überreste einer römischen Sandale
b) seidener Damenschuh aus dem 18. Jahrhundert
c) moderner Damenturnschuh

3. **Schreibe die folgenden Zwischenüberschriften über die passenden Textabsätze.**
   - Die ersten Absätze
   - Schuhe mussten vor allem schön sein
   - Schuhe als Zeichen für sozialen Stand
   - Die ersten Sandalen erfanden die Ägypter
   - Schuhmode im 20. Jahrhundert

4. **Beantworte folgende Fragen zum Text in eigenen Worten und ganzen Sätzen.**

a) Warum haben vor 12 000 Jahren die Menschen ihre Füße mit Leder- und Fellstücken umwickelt?

___

___

b) Welche weiteren Funktionen hatte das Schuhwerk in früheren Kulturen? Nenne drei, die auch im Text erwähnt werden.

___

___

___

c) Wer erfand als Erstes Schuhe mit Absätzen und wozu brauchte man diese?

___

___

Auch Tiere haben Rechte! (1/2)

Doch es gab auch andere Meinungen: Schon im 3. Jahrhundert v. Chr. verbot der indische Herrscher Ashoka das Opfern von Tieren. Der eigentliche Tierschutz in Europa begann mit einem englischen Gesetz, dem „Martin's Act" von 1822. Hierzulande dauerte es etwas länger, bis die Menschen merkten, dass auch ihre Mitgeschöpfe keine „Sachen" sind: 1837 gründeten zwei Pfarrer in Stuttgart den ersten deutschen Verein zum Schutz von Nutztieren. [...] Seit 1933 wird Tierquälerei außerdem unter Strafe gestellt. Und das Tierschutzgesetz von 1972 erklärt Tiere ausdrücklich zu „Mitgeschöpfen". Das heißt, die Menschen müssen dafür sorgen, dass es den Tieren gut geht, ganz gleich, ob Nutz-, Haustiere oder Wildtiere. Vor fünf Jahren nahm Deutschland sogar als erstes Land der Europäischen Union den Tierschutz in sein Grundgesetz auf. [...]

Noch immer leiden viele Tiere: Trotzdem gibt es noch viele Probleme. Der Deutsche Tierschutzbund prangert zum Beispiel die [Tierh]altung [...] in Zirkussen an: Viele leiden unter den ständigen Ortswechseln und dem Leben in zu kleinen Käfigen. [...] Und noch immer gibt es erbitterten Streit um Tierversuche in Laboren: Die einen sagen, dass ohne solche Experimente an Mäusen oder Affen keine neuen Medikamente oder Operationsmethoden entwickelt werden können, die später todkranken Menschen helfen. Andere fordern, dass Tierversuche generell verboten werden müssen, weil es erstens zu viele unsinnige Experimente gibt und man zweitens mit Lebewesen sowieso nicht so umgehen darf. [...]

[Der erste Tierschützer:] Es war Anfang des 13. Jahrhunderts, als ein Wolf im italienischen Gubbio die Menschen in Angst und Schrecken versetzte. Niemand wagte sich mehr vor das Stadttor – außer Franz. [...] Franz redete lange mit dem Tier, nannte es seinen „Bruder" und versprach, sich um den Wolf zu kümmern. Und so gelang es ihm, das Tier zu zähmen. Wie ein Märchen klingt die Legende des Heiligen Franz von Assisi, der etwa von 1181 bis 1226 lebte. Der Kirchenmann war als Tierliebhaber bekannt, viele Menschen betrachten ihn heute als den ersten Tierschützer überhaupt. Selbst dem winzigsten Wurm sah er als schützenswert an[, w]eil er Tiere und Menschen als gleichwertige Geschöpfe Gottes achtete. Am 4. Oktober jeden Jahres fallen deshalb [...] zwei wichtige Termine aufeinander: der Gedenktag des Heiligen Franz von Assisi und der Welttierschutztag.

Die Beziehung von Mensch und Tier ist uralt: Der Hund etwa wurde schon vor mehr als 10 000 Jahren zum Haustier. Tiere waren in erster Linie dazu da, den Menschen zu versorgen: mit Fleisch, Milch, Fett, Leder... Oder ihm als Lastenschlepper und Karrenzieher zu dienen. Kaum jemand machte sich Gedanken darüber, wie es den tierischen Helfern dabei erging. [...] In der Antike galten Tiere als „Sachen". Und noch im 17. Jahrhundert beschrieb der französische Philosoph René Descartes sie als „Maschinen". Tiere seien gefühllos wie Metall und spürten keine Schmerzen.

(Quelle: Barbara Lich: Auch Tiere haben Rechte! www.geo.de/GEOlino/natur/tiere/55093.html?eid=51988)

Auch Tiere haben Rechte! (2/2)

2

Aufgaben

1. Die Abschnitte des Artikels „Auch Tiere haben Rechte!" wurden vertauscht. Lies den Text sorgfältig durch und nummeriere dann die Abschnitte am Rand in der richtigen Reihenfolge.

2. Markiere im Text alle wichtigen Informationen zum Thema Tierschutz.

3. Notiere stichpunktartig alle im Text aufgeführten Argumente für den Tierschutz und alle im Text erwähnten (historischen) Gegenargumente. Ergänze anschließend eigene Pro- und Kontra-Argumente.

Argumente für den Tierschutz	(historische) Argumente gegen den Tierschutz

4. Fasse jeden Absatz in eigenen Worten in ein bis zwei Sätzen zusammen.

a) ______________________________

____

b) ______________________________

____

c) ______________________________

____

d) ______________________________

____

© Verlag an der Ruhr | Autorin: Karla Seedorf | ISBN 978-3-8346-2394-2 | www.verlagruhr.de

Das Spiel mit der Stimme (1/2)

Am Anfang war es nur eine „Kindermenge“, in der Philipp mitgebrüllt, geflüstert oder sich in irgendeiner anderen Art bemerkbar machte. Damals war er gerade mal fünf Jahre alt. Mit zehn Jahren nun ist Philipp schon ein kleiner Hörspielsprecher-Profi. Große Mikrophone hängen von der Decke herab. Eines für jeden der sechs Stühle, die um den runden Tisch verteilt stehen. Als Philipp hier zuletzt saß, wurde er entführt.[...] Die Situation, die damals **akustisch** in Szene gesetzt wurde, ist Teil der 146. Folge der „Drei Fragezeichen“ – ein Hörspielklassiker. Philipp spricht zurzeit Sechs- bis Siebenjährige. [...] Aktuell ist er als Leon, der Bruder der „Hexe Lilli“, im Studio.

[...] „Um mutig zu werden, beginnt man mit dem Sprechen in einer Kindermenge", erzählt Philipps Mutter Kerstin Draeger. Sie ist gelernte Schauspielerin und ebenfalls Sprecherin. Kerstin Draeger ist sich bewusst, dass Philipp es durch sie einfacher hatte in **diversen** Hörspielen sowie als **Synchronsprecher** in Filmen mitzuwirken. Und das Sprechen liegt der Familie eh im Blut: Sein Opa ist die deutsche Synchronstimme des Hollywood-Stars Woody Allen.
„Das Sprechen ist ganz einfach“, meint der Schüler. Nur das Lachen fiel ihm am Anfang schwer. „So geht es den meisten Kindern. Das klingt oft unnatürlich“, erklärt seine Mutter und verrät einen Trick: „Es hilft mit einem ‚ha, ha‘ anzufangen. Dann muss man automatisch auch wirklich lachen“, wie Mutter und Sohn sogleich demonstrieren. Mittlerweile kann der blonde Junge auf Knopfdruck ein **tonbandreifes** Lachen abgeben.

Verstellen muss der Nachwuchssprecher seine Stimme für die Studioarbeit nicht. „Er hat von Natur aus eine gute Aussprache“, bemerkt sein Mutter. Und auch Heikedine Körting findet, dass seine Stimme frisch und süß klingt. Körting ist seit über 30 Jahren Hörspielproduzentin von Serien wie „TKKG“, „Fünf Freunde“ und den „Drei Fragezeichen“. [...]

Wer ihre Hörspiele hört, soll im Bett liegen, die Augen schließen und „den Film ablaufen sehen“, so Heikedine Körting. „Bei mir rennen wir die Treppe runter und knallen die Türen zu“, während das in anderen Produktionen lediglich von einem Erzähler gesagt wird. Um dieses Leben in ihre Hörspiele zu bekommen, setzt Hörspielproduzentin Heikedine Körting auch auf echte **Interaktion**: „Hier sprechen alle gemeinsam an einem Tisch. Jeder kann auf den anderen Sprecher reagieren. Das wirkt lebendiger und macht mehr Spaß“, bestätigt Philipps Mutter und erzählt, dass heute oft nur noch „geixt“ wird. „Das bedeutet, dass jeder seine Sätze hintereinander spricht und die **Dialoge** erst im Nachhinein zusammengeschnitten werden.“

Bis so eine Hörspielfolge produziert ist, vergeht in der Regel gut ein halbes Jahr – im Fall der „Drei Fragezeichen“ sogar ein ganzes. Im Laufe der Zeit wurden im „Studio Körting“ so viele Aufnahmen gemacht, dass sich hier ein Geräusche-Archiv von rund hunderttausend Tönen versammelt. [...].
Und noch immer werden neue gebraucht: „Für jede Folge sind es zwischen 60 und 70 spezielle Geräusche.“ [...]
In der Produktion eines Hörspiels nehmen die Sprecheraufnahmen allerdings die wenigste Zeit in Anspruch. [D]ie Hauptdarsteller der „Drei Fragezeichen“ brauchen zum **Einsprechen** nicht mehr als drei bis vier Tage. Am zeitintensivsten sind der Schnitt und das Einfügen von Geräuschen und Musik [...].

(Katharina Schultz: Hörspiele. Das Spiel mit der Stimme. www.geo.de/GEOlino/mensch/berufe/69777.html)

Das Spiel mit der Stimme (2/2)

2

Aufgaben

1. Schreibe auf jede Leerzeile in obigem Text eine passende Überschrift für den Abschnitt.

2. Erkläre folgende Wörter aus dem Textzusammenhang:

a) „akustisch" (Z. 8): ______________________________

b) „diversen" (Z. 17): ______________________________

c) Synchronsprecher (Z. 18): ______________________________

d) „tonbandreif" (Z. 28): ______________________________

e) „Interaktion" (Z. 42): ______________________________

f) „Dialoge" (Z. 47): ______________________________

g) „Einsprechen" (Z. 59): ______________________________

3. Lies die einzelnen Antworten aufmerksam durch und kreuze die jeweils richtige(n) Lösung(en) an.

a) Philipp ist …
- ☐ der Bruder von Lilli.
- ☐ mit dem Opa von Woody Allen verwandt.
- ☐ mit Heikedine Körting verwandt.
- ☐ mit Kerstin Draeger verwandt.

b) Als Kinderhörspielsprecher muss man …
- ☐ möglichst hochdeutsch sprechen können.
- ☐ ungekünstelt lachen können.
- ☐ eine gute Aussprache haben.
- ☐ eine Schauspieler-Mutter haben.

c) Eine Kinder-Hörspielfolge …
- ☐ zu produzieren, dauert bis zu einem Jahr.
- ☐ besteht aus hunderttausend Tönen.
- ☐ besteht aus bis zu siebzig Geräuschen.
- ☐ einzusprechen, dauert drei bis vier Tage.

d) Für das Hörspiel benötigte Geräusche…
- ☐ werden im Studio in ca. einer Stunde produziert.
- ☐ werden oft mit Alltagsgegenständen erzeugt.
- ☐ sind in einem Geräusche-Archiv gespeichert.
- ☐ werden von einer zweiten Firma produziert.

© Verlag an der Ruhr | Autorin: Karla Seedorf | ISBN 978-3-8346-2394-2 | www.verlagruhr.de

Die Geschichte vom Brot (1/2)

[Die Geschichte des Brotes beginnt in der] Jungsteinzeit, als unsere Vorfahren anfingen, Getreide anzubauen [...] vor rund 11 000 Jahren [...]. Die Ackerbauern pflanzten zunächst Einkorn und Emmer an, sozusagen die Vorfahren unseres Weizens, deren Körner sie roh verspeisten. Bis sie irgendwann auf die Idee kamen, die Körner zu zerstoßen und einzuweichen, also einen Brei anzurühren. So manschten sie [...] und kippten die Körnerpampe eines Tages offenbar auf einen heißen Stein. Und siehe da: Der Brei trocknete zu einem Fladen! Nicht dick, aber fest und haltbar und damit auch als Snack für unterwegs zu gebrauchen. „Richtiges" Brot jedoch bekamen wohl erst die alten Ägypter gebacken – von deren Erfindergeist man sich ohnehin eine Scheibe abschneiden kann.

Denn in dieser Hochkultur bauten die Menschen erste Bäckereien, entwickelten Öfen und buken in erhitzten Tontöpfen. Rund 6 000 Jahre ist das her! Vor allem aber entdeckten die Ägypter, wie Brot fluffig wird – indem man den Teig stehen und somit gehen lässt. Winzige Hefepilze und Milchsäurebakterien, die ganz natürlich in der Luft vorkommen, sorgen für die sogenannte Gärung: Sie vermehren sich im Teig, setzen dabei Kohlendioxid frei und lockern den Teig auf diese Weise. Er legt an Volumen zu. Dieser chemische Prozess ist auch Namensgeber für unser Wort „Brot". Der Begriff stammt vom althochdeutschen „prôt" ab, was so viel heißt wie „Gegorenes". Und aus solch Gegorenem kneteten die alten Ägypter schon mehr als 30 Brotsorten – was den Menschen am Nil damals den Spitznamen „Brotesser" einbrachte.

Dieser würde heutzutage ziemlich gut zu uns Deutschen passen: „Es gibt hierzulande über 300 Brotsorten", sagt Kai Budde vom Technoseum in Mannheim [...]. Nicht eingerechnet: 1200 Kleingebäcke wie Brötchen und Brezeln. Und vielleicht, vermutlich sogar, backen Bäcker noch viel mehr unterschiedliche Sorten. [...] In keinem anderen Land der Erde gibt es eine solche Vielfalt wie in Deutschland!

[...] [U]m zu verstehen, woher die vielen Brotsorten in Deutschland kommen, reisen wir einmal mehr in die Vergangenheit, diesmal zu den alten Römern. Über die Israeliten nämlich, die sich die Kunst des Brotbackens von den alten Ägyptern abgeschaut hatten, gelangte das Handwerk nach

Brot ist bis heute ein wichtiges Grundnahrungsmittel in Deutschland.

Griechenland und von dort ins Römische Reich. „Die Römer hatten schon richtige Großbäckereien", sagt Kai Budde. Sie entwickelten auch steinerne Drehmühlen, die das Zermahlen des Korns vereinfachten. Allerdings mussten sie feststellen, dass der Weizen, den sie anzubauen versuchten, im nassen Norden nicht spross. Ein neues Getreide musste her! Da versuchten sie es mit einer Wildpflanze, die bis dahin als Unkraut verkannt war: Roggen. Sein Mehl färbte das Brot dunkler, doch er widerstand auch dem feuchtkalten Klima jenseits der Alpen und ließ sich selbst im heutigen Norddeutschland prima pflanzen und ernten. Die Menschen buken nun also mit Weizenmehl, mit Roggenmehl oder mit einem Mix aus beidem. So erfanden sie viele neue Rezepte und Sorten, und Brot wurde Grundnahrungsmittel für alle. Morgens, mittags, abends, [...] – stets wurde Brot gereicht. Und es schmeckte eben von Ort zu Ort anders. Denn es gibt einen weiteren Grund für die Vielfalt der Brotsorten: Deutschland glich im späten Mittelalter einem Flickenteppich aus zig unabhängigen Städten und Herzogtümern. Innerhalb der Grenzen entwickelten sich eigene Sitten und Gebräuche – und ebensolche Brotsorten. Genau der Reichtum hat sich bis heute gehalten [...].

(Quelle: Barbara Lich: Die Geschichte vom Brot. www.geo.de/GEOlino/mensch/70276.html)

Die Geschichte vom Brot (2/2)

Aufgaben

1. **Löse das Kreuzworträtsel mithilfe der Informationen aus dem Text. Denke daran: ä = ae, ö = oe, ü = ue**

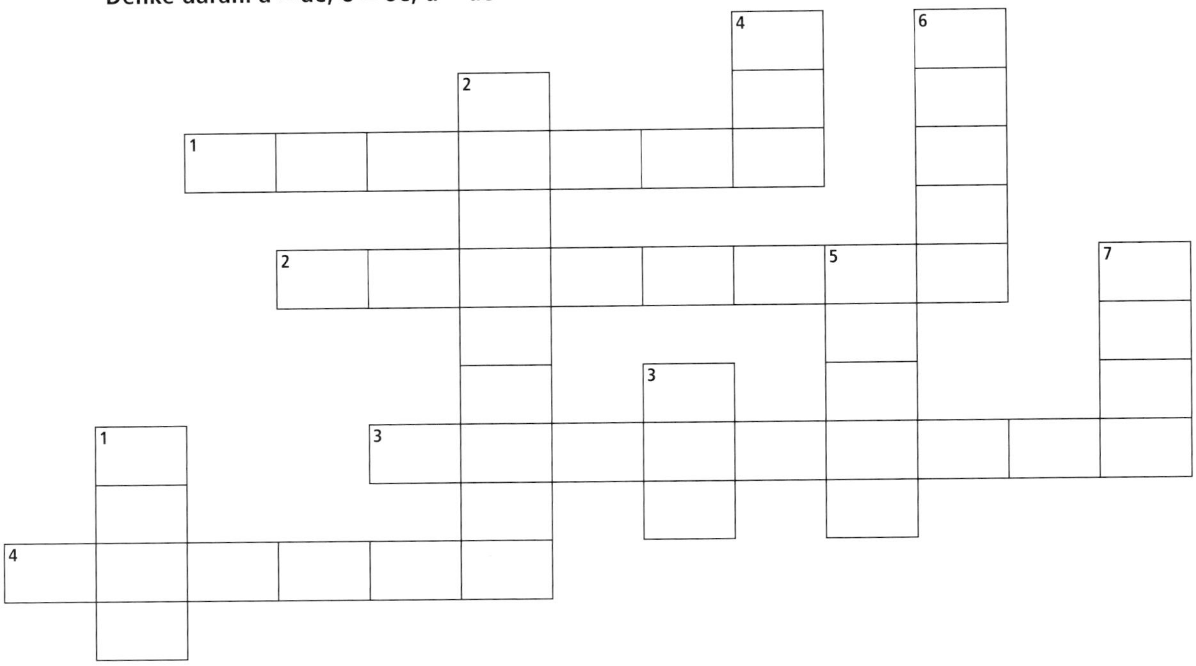

Waagerecht:

1 Durch Hefe gewinnt der Teig an … .

2 Die ersten Brotbäcker kamen aus … .

3 Althochdeutsch „prôt" heißt übersetzt … .

4 … wurde zunächst als Unkraut angesehen.

Senkrecht:

1 Weltweit am meisten …sorten gibt es in Deutschland.

2 Erste Brotfladen wurden in der …zeit gebacken.

3 Name der Stadt mit den ersten Großbackstuben

4 Das erste Brot buk man in Töpfen aus … .

5 Urform des Weizens

6 Die Römer zermahlten das Korn mit Drehmühlen aus … .

7 Im Römischen Reich war es für Weizen zu … .

2. **Schreibe eine interessante Einleitung zum Artikel, die neugierig macht und dazu motiviert, den Artikel weiterzulesen.**

____

____

____

____

____

____

____

Surftipp

Auf der Internetseite www.geo.de/GEOlino/mensch/70276.html findest du Rezepte für ägyptisches Tontopf- und Bauernbrot zum Nachbacken.

16. Shell-Jugendstudie zum Thema Internetnutzung

Seit 1953 beauftragt das Energieunternehmen Shell in Deutschland Forschungsinstitute mit der Erstellung von Studien, um Sichtweisen, Stimmungen und Erwartungen von Jugendlichen zu dokumentieren.

Internet-User: Einteilung der jugendlichen Internet-Nutzer

Jugendliche im Alter von 12 bis 25 Jahren, die regelmäßig das Internet nutzen, sind (Angaben in %):

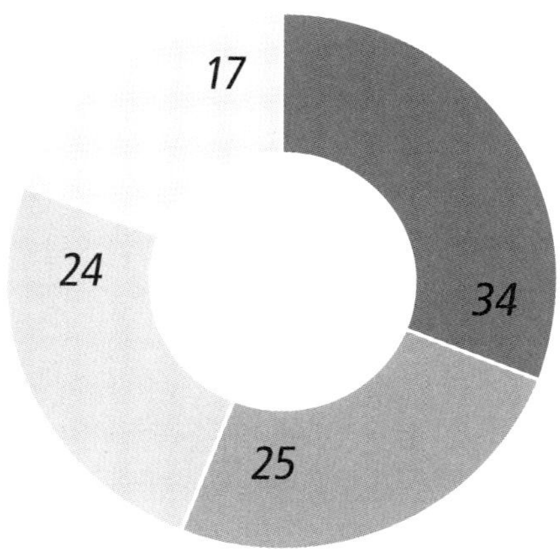

Zugang zum Internet: Jugend 2010 ist online

Jugendliche im Alter von 12 bis 25 Jahren haben Zugang zum Internet (Angaben in %):

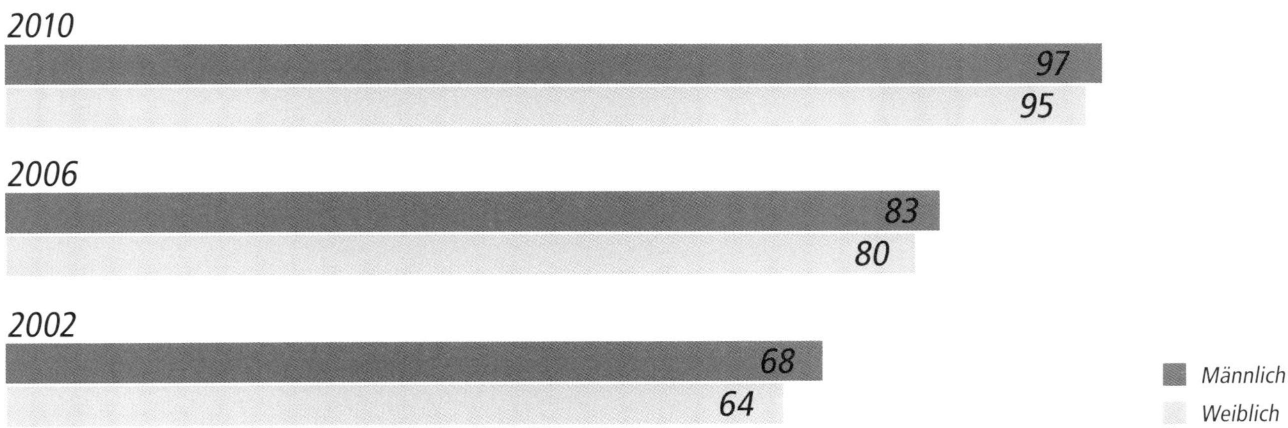

Aufgabe

Kreuze die zutreffenden Aussagen an.

- ☐ Zwischen 2002 und 2010 hat sich die Zahl der Jugendlichen mit Internetzugang verdoppelt.
- ☐ 13 Prozent der Jungen haben 2010 keinen Internetzugang.
- ☐ Jungen weisen durchschnittlich mehr Internetkompetenz auf.
- ☐ 17 Prozent eher ältere, weibliche Jugendliche nutzen das Internet für Informationen oder Einkäufe.
- ☐ Fast ein Viertel der jüngeren, sozial benachteiligten männlichen Teenager spielen regelmäßig Computerspiele.

Warum sind dicke Leute dick? (1/2)

Die populäre Antwort ist: weil sie zu viel essen. Und in gewisser Weise stimmt das auch. Würden sie weniger essen, dann würden sie auch weniger wiegen. Diese Binsenweisheit gilt für jedermann, dick oder dünn. Jede Kalorie über das hinaus, was unser Körper braucht, macht uns schwerer, jede Kalorie, die zum Ausgleich der Energieverluste fehlt, macht uns leichter.

In gewisser Weise ist die Antwort aber auch falsch. Denn dicke Menschen mögen vielleicht mehr essen, als sie zur Gewichtserhaltung brauchen; aber sie essen im Durchschnitt weniger als dünne. […] Wie eine Ernährungsstudie nach der anderen ergibt, sind unter sonst gleichen Umständen Vielesser in der Regel dünner. So essen etwa englische Teenager weit weniger als ihre Eltern, im Durchschnitt sogar 300 bis 500 Kalorien am Tag weniger als von der Weltgesundheitsorganisation empfohlen – und sind trotzdem mehrheitlich zu dick. Eine andere Studie aus Schottland ergab, dass dicke Mädchen nicht mehr essen als dünne – sie essen weniger. „Wie auch immer die genauen Zahlen lauten mögen, man kann mit ziemlicher Sicherheit sagen, dass wir dicker werden, wenn wir weniger essen", [erklären die Macher der Studie].

Dicke Menschen sind in der Regel dick, nicht obwohl, sondern weil sie so viel fasten. Denn der Energiebedarf unseres Körpers hängt ebenfalls von unserem Essen ab: Wer wenig isst, trainiert den Körper, dieses knappe Essen besser auszunutzen, weniger von den Kalorien in der Nahrung zu verschwenden, kurz, wie die Bauern sagen, das Futter besser zu verwerten. Wenn also zwei 1,80 Meter große Männer mit jeweils 80 Kilogramm Körpergewicht und identischem Energiebedarf von 2800 Kalorien pro Tag je zwei Steaks mit Beilagen und mehrere Bier mit zusammen 3500 Kalorien vertilgen, kann der eine dadurch dünner und der andere dicker werden. Wenn der eine vorher lang gefastet und Diät gehalten hat, wird sein Körper vielleicht 3000 der 3500 Kalorien wirklich auch verwerten – 200 mehr als zur Gewichtserhaltung nötig –, mit anderen Worten, er nimmt zu. Der andere hat keine Diätkur hinter sich und geht mit seiner Nahrung viel salopper um, verwertet, sagen wir, nur 2500 der 3500 aufgenommenen Kalorien. Das sind 300 weniger, als er braucht, und er nimmt ab.

(Quelle: Walter Krämer/Götz Trenkler: Lexikon der populären Irrtümer. 500 kapitale Missverständnisse, Vorurteile und Denkfehler von Abendrot bis Zeppelin. Piper Verlag 1998. S. 110f.)

Fast Food gilt ganz besonders als „Dickmacher".

Warum sind dicke Leute dick? (2/2)

Aufgaben

1. Markiere im Text die Schlüsselwörter.

2. Erläutere in jeweils einem Satz, welche zwei gegensätzlichen Antworten der Text auf die Frage gibt, warum manche Menschen dick sind.

a) *Dicke Menschen essen einerseits im Vergleich zu dünnen*

___

___

b) *Dicke Menschen essen andererseits im Vergleich zu dünnen*

___

___

3. In Zeile 23/24 heißt es: „Dicke Menschen sind in der Regel dick, nicht obwohl, sondern weil sie so viel fasten." Erkläre in eigenen Worten, was damit gemeint ist.

___

___

___

4. Was würden die Autoren des Artikels jemandem raten, der mithilfe einer Diät abnehmen möchte? Formuliere zwei bis drei Sätze aus Sicht der Autoren.

Unser Rat: Wer abnehmen möchte, sollte

___

___

___

5. Schreibe ein Fazit des Artikels, indem du die wichtigsten darin enthaltenen Behauptungen, Erkenntnisse und Schlussfolgerungen in drei bis vier Sätzen zusammenfasst.

___

___

___

___

___

Woraus besteht das Licht? (1/2)

Vor mehr als 200 Jahren führte der englische Arzt Thomas Young ein Experiment durch. Er wollte wissen, woraus das Licht besteht. Young spannte zwei flache Schirme auf und stellte sie hintereinander. In den vorderen Schirm machte er zwei Schlitze. Dann ließ er einen Lichtstrahl auf den ersten Schirm fallen. Zu seiner Überraschung leuchteten auf dem zweiten Schirm helle und dunkle Streifen auf. Das Licht aus diesen beiden Schlitzen verstärkte sich. So wie wenn du zwei Steine gleichzeitig ins Wasser wirfst, dann werden die Wellen stärker. Aus diesem Experiment zog Young den Schluss, dass das Licht aus Wellen besteht. Das Besondere am Licht ist, wie sich die Wellen fortbewegen können. Die Wasserwelle braucht das Wasser, um Wellen zu schlagen. Die Schallwelle braucht die Luft, um an unsere Ohren zu gelangen.

Thomas Young

Aber die elektromagnetischen Wellen des Lichts brauchen das alles nicht. Sie können sich im absolut leeren Raum weiterbewegen. Unsere Augen können diese Wellen sehen, weil sie spezielle Zellen auf der Netzhaut haben, die auf bestimmte Wellenlängen des Lichts reagieren. Licht ist daher der für den Menschen sichtbare Teil der von der Sonne und anderen Sternen ausgesendeten Strahlung.

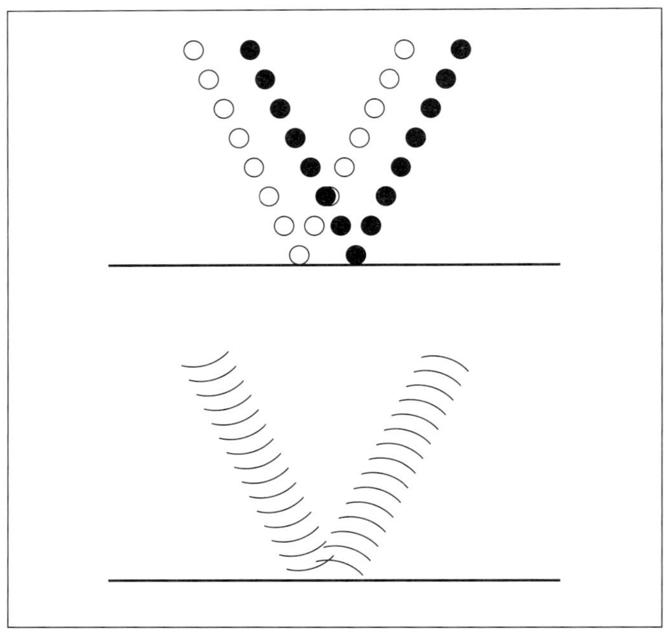

In Experimenten konnte nachgewiesen werden, dass das Licht sowohl Welle als auch Teilchen ist.

Bestimmte Eigenschaften des Lichts konnten sich andere Forscher mit den Lichtwellen aber nicht erklären. Hundert Jahre nach dem englischen Arzt Young führten die deutschen Physiker Max Planck und Albert Einstein weitere Experimente durch. Sie schlossen aus ihren Versuchen, dass das Licht auch aus kleinen Teilchen, die man Photonen nennt, besteht. Heute geht man davon aus, dass das Licht sowohl als Welle als auch als Teilchen erklärt werden kann, je nachdem welche Erscheinung des Lichts man beschreiben will.

(Quelle: Elke Krasny: Warum ist das Licht so schnell? Eine Reise durch die Welt des Lichts. Niederösterreichisches Pressehaus, St. Pölten, 2005. S. 95ff.)

Woraus besteht das Licht? (2/2)

Aufgaben

1. **Stelle in einem oder zwei Einleitungssätzen den Artikel vor, indem du die W-Fragen (Wer schrieb den Artikel? Wann und wo erschien er? Worum geht es darin?) beantwortest.**

____

____

2. **Lies den Text sorgfältig durch und ergänze dann folgende Aussagen über das Licht.**

a) Licht ist der für uns sichtbare Teil der ____________________ von Sonne und anderen Sternen.

b) Licht besteht einerseits aus Wellen, die sich im ____________________ Raum fortbewegen können.

c) Licht besteht andererseits aus kleinen Teilchen, sogenannten ____________________.

d) Die ____________________ unserer Augen reagiert auf bestimmte Wellenlängen des Lichts.

3. **Füge die richtigen Satzteile zusammen, indem du sie in der gleichen Farbe markierst.**

Der englische Arzt Thomas Young	bewegt	auf Schallwellen.
Die Physiker Max Planck und Albert Einstein	reagieren	durch die Luft fort.
Unsere Ohren	stellte sich die Frage,	Licht sich wellenmäßig fort.
Schallwellen	machten	woraus Licht besteht.
Nach Thomas Youngs Schirmexperiment	bewegen sich	ebenfalls Lichtexperimente.

4. **Gib jedem der drei Absätze eine Überschrift und fasse jeden in eigenen Worten in jeweils ein bis zwei Sätzen zusammen.**

a) ____

____

b) ____

____

c) ____

____

Ist der Wolf so böse wie im Märchen? (1/2)

„Warum hast du nur so ein großes Maul?", fragte Rotkäppchen den bösen Wolf und er antwortete: „Damit ich dich besser fressen kann!"
So kennen wir den Wolf seit frühester Kindheit: Er frisst bettlägerige Großmütter und kleine Mädchen, trickst sieben arme Geißlein aus und lauert im Schafspelz auf kleine süße Schweinchen. Kein Wunder, dass alle Kinder Angst vorm bösen Wolf haben. Dabei hat er seinen schlechten Ruf zu Unrecht. Er ist nicht boshafter als andere wilde Tiere, und er tötet wie andere Raubtiere nur dann, wenn er Hunger hat.

Warum er dennoch so gefürchtet ist, lässt sich nur historisch erklären. In früheren Zeiten war der Wolf nämlich eine ernsthafte Bedrohung, vor allem für Leute des niederen Standes, die Leibeigenen, die am Rande von Großgütern wohnten und sich ein paar Schafe und Ziegen halten durften. Wenn die Wölfe einbrachen und die Tiere rissen, dann war damit der gesamte Besitz dieser Menschen vernichtet und ihre Existenz bedroht. Deshalb wurde der Wolf als eine große Geißel empfunden.
Dem Menschen selbst geht der Wolf eher aus dem Weg. Der große „böse" Wolf ernährt sich hauptsächlich von Mäusen und anderen kleinen Nagern. Er frisst auch Aas, also die Überreste toter Tiere. Und es heißt, dass in den Napoleonischen Kriegen Wolfsrudel hinter den Truppen herzogen und nach der Schlacht über die Leichen herfielen. Es sind aber nur wenige Fälle bekannt, in denen Wölfe Menschen angefallen und getötet haben. Das kam meistens in Russland vor und immer im Winter, wenn die Tiere sehr ausgehungert waren. Jedenfalls hätte Rotkäppchen vom Wolf überhaupt nichts zu befürchten, wenn sie ihm im Wald begegnen würde. Und es muss kein Mensch in Panik geraten, wenn die Wölfe allmählich aus Osteuropa wieder in unsere Wälder zurückkehren. Schließlich stammt ja auch der beste Freund des Menschen, der Hund, vom Wolf ab – egal, ob Bernhardiner, Pudel oder Dackel. So fremd ist er uns also gar nicht, und manchmal heulen wir Menschen ja auch gern mit den Wölfen.

Wölfe sind tatsächlich ausgesprochene Heulsusen, aber nicht aus Angst, Schmerz oder Wehleidigkeit – sie heulen, um sich zu verständigen. Wildbiologen haben herausgefunden, dass die Wölfe so über weite Distanzen miteinander kommunizieren können. Da heult zum Beispiel der eine Wolf dem anderen vor und meint damit: „Achtung, die Karibus kommen", oder: „Achtung, Menschen in Sicht."

Die Eskimos haben das Geheul so lange mit angehört, dass sie es selbst schon verstehen können. Das geht sogar so weit, dass sie am Heulen der Wölfe erkennen können, ob Weiße zu Besuch kommen oder Eingeborene. Bei den Wölfen funktioniert also die Telekommunikation – und das ganz ohne Handy.

(Quelle: Henning Wiesner: Müssen Tiere Zähne putzen? … und andere Fragen an einen Zoodirektor. Aufgeschrieben von Walli Müller und illustriert von Günter Mattei. Carl Hanser Verlag, 2005, S. 48)

Wölfe leben auch wieder in Deutschland.

Ist der Wolf so böse wie im Märchen? (2/2)

Aufgaben

1. Ergänze die einleitenden Angaben zum Text und kreuze an, welcher Satz den Inhalt zusammenfasst.

Der Artikel ____ von

______________________________ aus dem ______________________

erschienenen Buch ______________________________________ befasst sich mit

- ☐ … dem bösen Wolf und dem Grund für seine angebliche Bösartigkeit.
- ☐ … den Ursachen für den schlechten Ruf des Wolfes und erläutert, ob dieser gerechtfertigt ist.
- ☐ … dem Verhalten der Wölfe gegenüber Menschen.

2. Nummeriere die folgenden Bestandteile einer Inhaltszusammenfassung in der richtigen Reihenfolge.

a) Die Menschen haben ihn schon immer gefürchtet, weil er in früheren Zeiten vor allem für arme Bauern existenzbedrohend sein konnte, wenn er z. B. über ihre Schaf- oder Ziegenherden herfiel.

b) Wölfe ernähren sich v. a. von kleineren Nagetieren und Aas. Menschen kommen nur in Ausnahmesituationen für sie als Beute in Frage. Aus Russland sind wenige Fälle bekannt, in denen ausgehungerte Wölfe im Winter auch Menschen angefallen haben.

c) Der böse Wolf, wie wir ihn aus Märchen kennen, hat seinen schlechten Ruf zu Unrecht.

d) Wie jedes Raubtier tötet er nur zu Nahrungszwecken.

e) Durch Heulen verständigen Wölfe sich über weite Entfernungen hinweg.

f) Eskimos haben z. T. sogar gelernt, ihr Geheul zu deuten.

g) Aus Osteuropa kehren die Wölfe, die Verwandten unserer Hunde, in den letzten Jahren wieder in unsere Wälder zurück, was jedoch keinen Grund zur Besorgnis darstellt.

3. Ergänze die Inhaltszusammenfassung aus Aufgabe 2 durch Strukturwörter und indirekte Rede. Schreibe ggf. auf der Rückseite weiter.

Einleitend behauptet der Autor, der böse Wolf, wie wir ihn aus Märchen kennen, habe

____

Info

Strukturwörter: Mit Strukturwörtern informierst du über den Textaufbau (*einleitend … dann … abschließend …*) und die Argumentationsweise des Autors (*erläutert, behauptet, zeigt am Beispiel, kritisiert, begründet, warnt vor…*).

Indirekte Rede/Konjunktiv: Verwende indirekte Rede und Konjunktiv zur Kennzeichnung fremder Meinungen und Behauptungen (z. B. *Die Autorin behauptet, es sei… Außerdem gebe es nach Ansicht von … Man habe festgestellt, dass …*).

Die Gartenpiraten in Aktion: Was ist Guerilla Gardening? (1/2)

Oft ist es in großen Städten ziemlich trostlos und grau, Pflanzen sieht man [...] eher selten. Dies [...] wollen die sogenannten „Guerilla-Gärtner", eine Art „Gartenpiraten", ändern. In der Nacht schleichen sie mit Schaufel und Pflanzensamen bewaffnet umher und sorgen für ein grüneres Stadtbild. [...]
Da das eigenmächtige Begrünen der Städte nicht erlaubt ist, müssen die Aktivisten des „Guerilla Gardenings" nachts ihre Einsätze still und heimlich durchführen. Unter „Guerilla Gardening" versteht man das illegale, also verbotene, Bepflanzen und Begrünen von städtischen Flächen.
Der Begriff stammt aus dem Englischen und die Idee, öffentliche Plätze zu begrünen, entstand bereits in den 1970er-Jahren in New York.
Das Wort „Guerilla" kommt ursprünglich aus dem Spanischen und bedeutet wörtlich übersetzt in etwa „Kleinkrieg". Man meint damit eine bestimmte Form der Kriegsführung, den Guerillakrieg. Dabei handelt es sich um einen verdeckten und schnellen Angriff „aus dem Untergrund" gegen einen meist übermächtigen Gegner. Beim Guerilla Gardening sollen in einer Nacht-und-Nebel-Aktion möglichst schnell viele Flächen begrünt werden. „Gardening" bedeutet auf Englisch „gärtnern" – man könnte also sagen, es handelt sich dabei um eine Art heimliche „Überraschungspflanzung". [...]

Viele Guerilla-Gärtner wollen mit ihren nächtlichen Einsätzen einfach das Stadtbild verschönern und für ein besseres Klima sorgen, denn Pflanzen liefern bekanntlich Sauerstoff. Es gibt aber auch einige Menschen, die illegal Bepflanzungen vornehmen, um auf diese Weise zu protestieren. Ihrer Meinung nach muss der städtische Lebensraum wieder „zurückerobert" werden. Die Stadt hat ihrer Ansicht nach alles Natürliche verdrängt und ist im Besitz von Leuten, die ganz anderes mit den Flächen vorhaben – sie wollen etwa Fabriken oder neue Häuser bauen und vor allem viel Geld mit dem Gelände verdienen.
Einige Guerilla-Gärtner möchten den Protest mit etwas Nützlichem verbinden. Denn neben einem hübscheren Stadtbild kann man so zum Beispiel Erdbeeren pflanzen und diese später ernten. Diese Garten-Piraten bauen also vor allem „Nutzpflanzen" an. [...]

Bei politischen Protestaktionen wird mithilfe der Begrünung manchmal auch eine gezielte Aussage gemacht, denn Pflanzen können etwa so angeordnet werden, dass sie zum Beispiel ein Friedenssymbol bilden. Oder man bepflanzt Golfplätze mit Dornenbüschen, um zu zeigen, dass sie nicht umweltfreundlich und unnatürlich sind – denn nicht wenige Golfplätze sind aus ökologischer Sicht gesehen problematisch. Andere Aktionen konzentrieren sich auf Felder mit gentechnisch veränderten Pflanzen und man zerstört durch die wilde Bepflanzung die Ernte. Ein Motto bei diesen Protesten lautet zum Beispiel: „Allgemeiner Protest gegen die Monokulturen des Spießbürgertums!" Unter einer Monokultur versteht man den Anbau von nur einer Pflanzenart – dies ist nicht gut für die Umwelt, da die Böden stärker abgenutzt und andere Arten verdrängt werden.

(Quelle: Britta Pawlak: Die Gartenpiraten in Aktion: Was ist Guerilla Gardening? www.helles-koepfchen.de/artikel/3457.html)

Pflanzaktion im Sperrmüll

© Verlag an der Ruhr | Autorin: Karla Seedorf | ISBN 978-3-8346-2394-2 | www.verlagruhr.de

Die Gartenpiraten in Aktion: Was ist Guerilla Gardening? (2/2)

Aufgaben

1. **Lies den Text sorgfältig durch und markiere mit verschieden Farben Stichpunkte (vor allem aussagekräftige Substantive und Verben) im Text, die zur Erklärung folgender Begriffe hilfreich sind:**

a) Definition Guerilla-Gardening; Farbe ☐ **b)** Gründe für Guerilla-Gardening; Farbe ☐

2. **Fasse nun den Text in eigenen Worten zusammen. Erkläre zunächst, was man unter Guerilla-Gardening versteht und nenne anschließend Gründe für Guerilla-Gardening-Aktionen. Benutze zur Kennzeichnung fremder Meinungen Strukturwörter und indirekte Rede/Konjunktiv.**

3. **Erkläre aus dem Textzusammenhang heraus und anhand eines selbst gewählten Beispiels, was mit dem Motto „Allgemeiner Protest gegen die Monokulturen des Spießbürgertums" (Z. 52/53) gemeint ist.**

Info

Strukturwörter: Mit Strukturwörtern informierst du über den Textaufbau (*einleitend … dann … abschließend …*) und die Argumentationsweise des Autors (*erläutert, behauptet, zeigt am Beispiel, kritisiert, begründet, warnt vor…*).

Indirekte Rede/konjunktiv: Verwende indirekte Rede und Konjunktiv zur Kennzeichnung fremder Meinungen und Behauptungen (z. B. *Die Autorin behauptet, es sei… Außerdem gebe es nach Ansicht von … Man habe festgestellt, dass …*).

Wird die Mücke niemals satt? (1/2)

Bei aller Tierliebe, es gibt Viecher, die in uns die pure Mordlust wecken: Wenn wir eine Mücke summen hören, dann wollen wir sie unbedingt erschlagen – aus reiner Notwehr natürlich. So knausrig sind wir ja eigentlich gar nicht mit unserem Blut, ab und zu gehen wir sogar zum Blutspenden. Und auch für die Mücke hätten wir ein Tröpfchen übrig, wenn sie sich damit begnügen würde. Aber nein, kaum geht sie auf unsere Adern los, schon hinterlässt sie eine juckende Pustel nach der anderen. Sie saugt und saugt unser Blut und wird niemals satt, so scheint es zumindest.

In Wirklichkeit waren immer mehrere von den Biestern zugange, wenn wir mit Stichen übersät sind; eine einzelne Mücke könnte gar nicht so oft zuschlagen, sonst würde sie platzen. Bei einem Saugakt schlürft das Mückenweibchen – denn nur die Weibchen stechen ja – immerhin schon zwei bis zehn Milligramm Blut, das Dreifache ihres Körpergewichts! Ihr Blutdurst ist damit erst einmal gestillt, aber es geht nicht nur um den Durst: Das Mückenweibchen braucht Blut von Säugetieren oder auch Vögeln, um seine Eier ablegen zu können. Und einmal Stechen reicht noch nicht aus, um den Bedarf zu decken. Das Schlimme ist: Nur dadurch, dass sie von Wirt zu Wirt fliegt, überträgt die Mücke beispielsweise Malaria, die gefährlichste und häufigste Infektionskrankheit weltweit mit der höchsten Todesrate.

Verblüffend ist für uns Mückengeplagte immer wieder, was für einen guten Riecher die kleinen Biester haben. Lugt auch nur der kleine Zeh unter der Bettdecke hervor, findet ihn die Mücke auch in dunkelster Nacht – dank eines ausgeklügelten Orientierungssinns. Die Mücke richtet sich nach dem Temperaturgradienten, das heißt, sie fliegt immer in Richtung Wärme. Damit sie nicht an der Heizung landet, bestimmt sie zusätzlich den CO2-Gehalt der Ausatemluft von Säugetieren oder Menschen, und sie riecht die Buttersäure im Körperschweiß – uns sattsam bekannt von den nachbarlichen Schweißfüßen. So biochemisch bewandert, kann sie ihr Ziel gar nicht verfehlen – es sei denn, wir täuschen sie. Ein paar Tröpfchen Geranienöl oder Dschungeldeo auf die Haut, und schon verändert sich die Körperausdünstung, und die Mücke schwirrt im günstigsten Fall ahnungslos vorbei. Hat sie erst einmal ein Opfer gefunden, sticht sie mit ihrem winzigen Saugstachel in die kleinen Blutgefäße direkt unter der Haut. Den Stich allein würden wir überhaupt nicht bemerken. Leider hat die Mücke aber ein paar üble Stoffe wie Histamin im Speichel, die verhindern, dass das Blut sofort gerinnt und den mikrometerdünnen Saugstachel verklebt. Diese Stoffe sind es, die uns hinterher plagen. Zum Trost: Mücken sind auf der Welt, um gefressen zu werden – von Spinnen, Vögeln, Libellen, Fledermäusen und Fischen. Rache ist ja so süß!

(Quelle: Henning Wiesner: Müssen Tiere Zähne putzen? … und andere Fragen an einen Zoodirektor. Aufgeschrieben von Walli Müller und illustriert von Günter Mattei. Carl Hanser Verlag, 2005. S. 62)

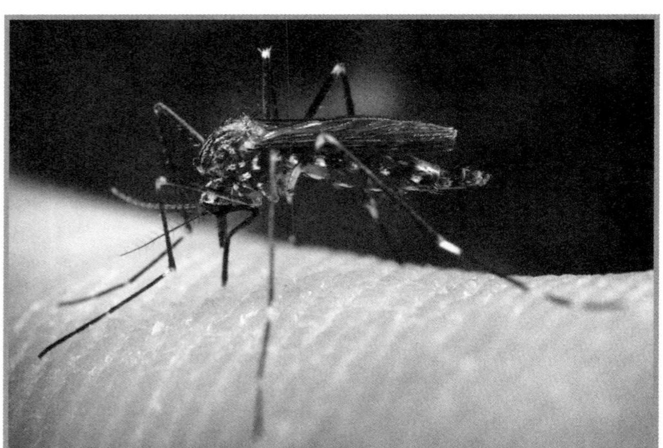

Mücken finden ihre Opfer dank eines ausgeklügelten Orientierungssinns.

Wird die Mücke niemals satt? (2/2)

Aufgaben

1. Lies den Text sorgfältig durch und beantworte anschließend folgende Fragen in eigenen Worten.

a) Weshalb sind Mückenstiche für uns besonders lästig?

____

____

b) Weshalb und wie stechen Mücken?

____

____

c) Welche Gefahr droht dem Menschen durch Mückenstiche?

____

____

d) Wie findet die Mücke ihr „Opfer"?

____

____

e) Wofür sorgt der Stoff Histamin im Mückenspeichel?

____

____

2. Formuliere auf einem gesonderten Blatt wirkungsvolle Ratschläge, wie man sich vor Mückenstichen schützen kann.

3. Beim Lösen des Silbenrätsels mithilfe der Infos aus dem Text erhältst du als Lösungswort ein Synonym für Stechmücke. Denke daran: ä = ae, ö = oe, ü = ue

a) Nur die Mücken_ _ _ _ _ _ _ _ stechen. Ihr Stachel ist _ _ _ _ _ meter-dünn.
(Buchstabe 5 der ersten Lücke: 2; Buchstabe 3 der zweiten Lücke: 6)

b) Bei einem Mückenstich saugt die Mücke das _ _ _ _ _ _ _ _ _ ihres Gewichtes an Blut.
(Buchstabe 6: 5; Buchstabe 8: 3)

c) Die Mücke kann die _ _ _ _ _ _ _ _ _ _ _ _ im Menschenschweiß riechen.
(Buchstabe 5: 7; Buchstabe 7: 1)

d) Histamin verhindert die Blut_ _ _ _ _ _ _ _ _.
(Buchstabe 5: 4)

Lösungswort: _ _ _ _ _ _ _
1 2 3 4 5 6 7

Gab es den Urknall oder wurde die Welt in sieben Tagen erschaffen? (1/2)

Heute glauben die meisten ____________________________, dass das Weltall vor 15 Milliarden Jahren mit einer gigantischen Explosion entstanden ist: dem ____________________.

1965 entdecken die Wissenschaftler Arno Penzias und Robert Wilson die kosmische Hintergrundstrahlung, eine Art Rauschen, von dem das ganze Weltall erfüllt ist, und sie beweisen, dass es sich hierbei um das ganz schwache Echo dieses berühmten Urknalls handelt.

Aber wie soll man da an das Wort der Bibel glauben, wenn dort von einer Schöpfung in ____________________________ die Rede ist?

Zunächst einmal: Wollen die wissenschaftlichen Schlussfolgerungen und die Erzählungen der Bibel wirklich das Gleiche erklären? Laut den Schöpfungsberichten im Buch Genesis, die in zwei unterschiedlichen Epochen (im 6. und 10. Jahrhundert v.Chr.) geschrieben wurden, hat Gott durch sein ____________________________ alles geschaffen: Licht und Finsternis, Himmel und Erde, die Sterne, das Wasser, die Fische, die Vögel und die Säugetiere bis hin zum ____________________________.

Es handelt sich daher um keine wissenschaftliche Studie zur Entstehung des Universums, sondern vielmehr um eine große ____________________ zum Lobe des gütigen und einzigen Gottes, Schöpfer des Universums und allen Lebens. Die Ziffer 7 der sieben Tage ist ein Sinnbild für die Vollkommenheit von Gottes Gesamtwerk.

Die biblischen Geschichten erzählen, warum die Erde existiert, die wissenschaftlichen Forschungen erklären dagegen, wie unser Blauer Planet entstanden ist. Es sind also zwei unterschiedliche ____________________________; sie stehen nicht im Widerspruch, sondern ergänzen einander. Die eine lehrt uns „etwas" über Gott und seine Beziehung zu den Menschen, die andere „etwas" über die Welt und die Menschen auf der Welt.

Viele Wissenschaftler erforschen, wie das Weltall funktioniert. Manche glauben, dass die Erde nicht von ganz allein entstanden ist und dass weder das Leben noch die Menschen zufällig da sind. Sie glauben an Gott als den ____________________________ eines Universums, dessen Geschichte vermutlich mit dem Urknall begann.

(Quelle: Stanislaus Lalanne, u. a.: Wer ist eigentlich Gott? Und 150 andere Kinderfragen. Pattloch Verlag, 2005. S. 22)

Aufgaben
Teil 1

1. Fülle die Textlücken mit den passenden Substantiven aus dem Wortspeicher.

• sieben Tagen • Sichtweisen • Urknall • Schöpfer • Wort
• Astronomen • Dichtung • Menschen

Gab es den Urknall oder wurde die Welt in sieben Tagen erschaffen? (2/2)

Aufgaben
Teil 2

2. Beantworte folgende Fragen in eigenen Worten, nachdem du den Text sorgfältig durchgelesen hast.

a) Was versteht man unter „kosmischer Hintergrundstrahlung"?

____

____

b) Nenne ein Synonym (inhaltsgleiches Wort) für unsere Erde, das der Autor in seinem Text verwendet, und erkläre, weshalb die Erde vermutlich sogenannt wird.

____

____

c) Welche Antworten gibt der Text auf die Frage in der Überschrift? Erläutere, wie der Autor diese Antworten begründet.

____

____

3. Löse das Kreuzworträtsel mithilfe der Informationen aus dem Text.

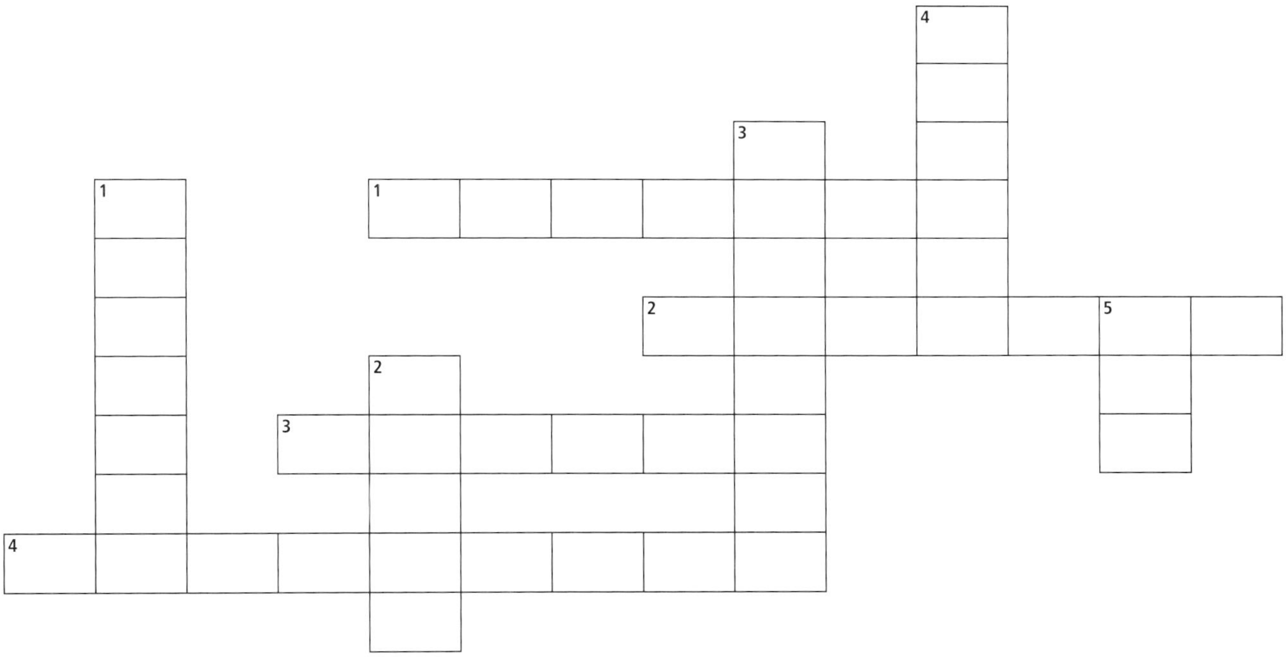

Waagrecht:
1 biblischer Schöpfungsbericht
2 Explosion bei Entstehung des Weltalls
3 symbolische Zahl für Vollkommenheit in der Bibel
4 Synonym für Weltall, Kosmos

Senkrecht:
1 die Genesis entstand in zwei … .
2 Heiliges Buch der Christen;
3 Sternenkundewissenschaftler
4 Entdecker der kosmischen Hintergrundstrahlung
5 Ziel der biblischen Schöpfungsgeschichte: … Gottes.

Warum spuckte früher alle Welt auf den Boden? (1/2)

1929 wurde das erste Papiertaschentuch zum Patent angemeldet. Der Nürnberger Fabrikant Oskar Rosenfelder nannte es „Tempo". Zum ersten Mal in der Geschichte gab es Taschentücher, die man nach dem Schnäuzen einfach wegwerfen konnte. Das ganze umständliche Einweichen, Waschen, Bügeln und Stärken fiel nun weg. Ihr Nachteil war, dass sie Geld kosteten. [...]
Würde man allerdings die etwa dreihundert bekannten Schnupfenviren nach ihrer bevorzugten Lebensunterlage befragen, sie würden sich zweifellos für die alten Stofftücher und die traditionellen Manierenregeln entscheiden. Ein am liebsten mehrfach benutztes Stofftaschentuch in einer warmen Hosentasche ist ein wahres Paradies für Krankheitserreger. Hier können die Viren und Bazillen bis zu zwei Tage lang aktiv bleiben. Das Manierengebot, bei Niesanfällen schicklich eine Hand vor den Mund zu halten, hätte ebenfalls den vollen Beifall der Viren. Spätestens bei der nächsten Begrüßung können sie so auch andere Leute anstecken. Die meisten Menschen sind Rechtshänder, und Erkältungsviren werden oft über die Hände weitergegeben. Moderne Benimmexperten raten darum, lieber die linke Hand vorzuhalten, wenn bei einer Niesattacke kein Papiertaschentuch griffbereit ist.

Der Schleim fliegt beim Niesen mit rund 160 Stundenkilometern durch die Nasenlöcher. Das entspricht der Geschwindigkeit eines ordentlichen Orkans! Hals-, Nasen- und Ohrenärzte fanden heraus, dass unterdrücktes Niesen und trompetenartiges Ausschnäuzen schädliche Wirkung haben können. Im schlimmsten Fall werden dabei die Krankheitserreger in die Nasennebenhöhlen und in den Gehörgang gepresst. Manche Mediziner meinen sogar, es wäre gesünder, den infektiösen Schnupfenschleim hochzuziehen oder runterzuschlucken. Die scharfe Magensäure werde lässig mit den Viren fertig. Als letzte und radikalste Alternative zum Schnäuzen in Taschentücher schlagen sie vor, wieder zum mittelalterlichen Ausspucken zurückzukehren. Weit weg auf dem Boden sei die Überlebensfähigkeit der Viren und damit die Ansteckungsgefahr noch am geringsten. [...]

In allen Kulturen gibt es Regeln fürs Spucken und Schnäuzen. Gläubige Moslems reinigen sich die Nase vor jedem Gebet, indem sie aus der hohlen Hand dreimal nacheinander Wasser hochziehen und es wieder ausschnäuzen. Das gehört zu den rituellen Reinigungsgeboten des Propheten Mohammed. Neben den Füßen, dem Gesicht, den Händen und den Ohren werden auch Mund und Nase gründlich gesäubert. Diese Nasenwasserspülung soll auch besser vor Schnupfen schützen. Falls ein Moslem aber doch einmal erkältet ist, zieht er es vor, in sein Badezimmer zu gehen anstatt zum Taschentuch zu greifen.

In Japan und China müssen sich naseputzende Europäer viele schiefe Blicke gefallen lassen. Ein Taschentuch zu benutzen, gilt vor allem bei Tisch als extrem unhöflich. [...] Den Naseninhalt hochzuziehen, gilt in Asien als Zeichen der Selbstbeherrschung. Bis in die jüngste Zeit war es [...] üblich, den Schleim aus Mund und Nase überall auszuspucken. Erst als die Ansteckung durch die Lungenkrankheit SARS drohte, verbot die chinesische Regierung das Spucken in der Öffentlichkeit. [...]

(Quelle: Susanne Mutschler: Ritter durften noch rülpsen. Die Kinder-Uni fragt, woher die Manieren kommen. Deutsche Verlags-Anstalt, 2008. S. 41ff.)

Papiertaschentücher werden aus Zellstoff hergestellt.

Warum spuckte früher alle Welt auf den Boden? (2/2)

3

Aufgaben

1. Lies den Text sorgfältig durch. Ergänze die folgende Überblicksinformation zum Text.

In dem Artikel ______________________________ von

______________________________ aus ihrem ______________

erschienenen Kindersachbuch ______________________________

geht es um ______________________________

____

2. Unterstreiche in zwei verschiedenen Farben im Text: Benimmregeln für …

a) Moslems; Farbe ☐ **b)** Asiaten; Farbe ☐

3. Formuliere aus der Sicht eines Schnupfenvirus (!) Benimmregeln für Menschen.

____

____

____

____

____

____

____

____

4. Schreibe einen Text „So schützen Sie sich vor Erkältungen". Begründe deine Ratschläge.

So schützen Sie sich vor Erkältungen:

Lösungen

Redewendung: Eine Leiche im Keller haben (S. 4)

1. a) Viele Kinder starben früher, bevor man sie getauft hatte.
   b) Früher durfte man ungetaufte Tote nicht auf einem katholischen Friedhof begraben, deswegen hatten manche Leute tatsächlich die Leichen ihrer verstorbenen ungetauften Kinder im Keller.
   c) Der tote Wirt im Keller hält in der Hand eine Schaufel.

2. Die Redewendung bedeutet, dass man ein dunkles Geheimnis hat oder sich in der Vergangenheit schuldig gemacht hat. Wenn man z. B. über einen Menschen sagt: „Jetzt tut er so unschuldig, aber der hat doch bestimmt auch eine Leiche im Keller!", dann glaubt man, dass dieser Mensch etwas Schändliches zu verbergen hat.

3. a) Keller als heimlicher Bestattungsort für ungetaufte Kindsleichen
   b) Theodor Fontanes Geschichte „Unterm Birnbaum": Wirt ermordet reichen Reisenden, begräbt ihn im Keller

Tierisch klug: Gebärdensprache und Zwitschergrammatik (S. 5/6)

1. a) Bei dem Text handelt es sich um einen Sachtext, weil darin begründet wird, weshalb Tiere nicht sprechen können wie Menschen. Außerdem informiert er über wissenschaftliche Erkenntnisse zur Menschen- und Tiersprache.
   b) Die im Artikel verwendete Sprache ist sachlich und informierend, zum Teil werden auch Fachbegriffe wie z. B. „Gebärdensprache" (Z. 9), „kommunizieren" (Z. 10) verwendet.

2. a) Laura Hennemann
   b) 25.1.2012, im Onlinemagazin „GEOlino"
   c) Es geht um die Sprachfähigkeiten bei Tieren.
   d) Im Artikel „Tierisch klug: Gebärdensprache und Zwitschergrammatik" erläutert Laura Hennemann am 25. Januar 2012 in der „GEOlino"-Online-Ausgabe, weshalb Tiere nicht sprechen können und welche Unterschiede und Ähnlichkeiten es zwischen der Tier- und der Menschensprache gibt.

3. a) Weshalb können wir Menschenaffen nicht das Sprechen beibringen?
   b) Was ist Gebärdensprache?
   c) Woran merkten die Forscher, dass Washoe wirklich denken kann?

4. a) Die Behauptung, dass Tiere denken können, belegt ein Experiment, bei dem man der Schimpansin Washoe die Gebärdensprache beibrachte.
   b) Dabei stellten die Forscher fest, dass Washoe in der Lage war, den Sinn von bestimmten Wörtern zu verstehen und Sprache kreativ und passend einzusetzen.
   c) Das Verhalten des Papageien Alex ist ein weiteres Beispiel für die Denkleistung von Tieren, denn dieser konnte einfache Fragen nach der Farbe und dem Material von Klötzen beantworten.

5. Tiere können nicht denken wie wir Menschen,
   Begründung: denn sie haben keine so ausgefeilte Sprache mit umfangreichem Wortschatz (der auch abstrakte Begriffe, wie „Gerechtigkeit", enthält und Grammatik entwickelt.)
   Beispiel: Wenn Vögel beispielsweise ihre Artgenossen durch Zwitschern vor Gefahr warnen, können sie keine exakten Informationen darüber vermitteln, wie es uns möglich wäre, beispielsweise mit dem Satz: „Bauer Müller nähert sich. Er ist noch ca. 30 Meter entfernt, flucht und hat eine Schrotflinte in der Hand."

Die Vergessenskurve (S. 7/8)

1. Der Text befasst sich mit Experimenten des Gedächtnisforschers Hermann Ebbinghaus und zeigt, wie Gelerntes möglichst schnell vom Kurzzeit- ins Langzeitgedächtnis gelangt.

2. a) **Nachteile des sturen Auswendiglernens laut Text:**
   - ist wenig effektiv (schnelles Vergessen);
   - ist mühsam

   b) **weitere Nachteile:**
   - erscheint einem sinnlos, da der Bezug fehlt
   - ist langweilig;

3. 30 min./50 %; > 30 min/20 %;
   5–10 min/10–20 min./20–30 min/100 %

Der größte Feueralarm unserer Zeit (S. 9/10)

1. a) „Selbstlos" (Z. 6) bedeutet, dass man nicht auf den eigenen Vorteil bedacht und zu Opfern bereit ist.
b) „Evakuieren" (Z. 22) bedeutet, jemanden wegen drohender Gefahr von seinem Wohnplatz auszusiedeln bzw. jemanden vorübergehend auszusiedeln.
c) Ein „Brandherd" (Z. 30) ist die Ausgangsstelle eines Brandes.

2. Die Feuerwehr ist dafür zuständig, bei Bränden Hilfe zu leisten und nach Verletzten zu suchen, die sich nicht aus eigener Kraft befreien können (vgl. Z. 6/7). Sie werden außerdem bei Überschwemmungen, Giftgasalarm und Umweltkatastrophen gerufen (vgl. Z. 8/9), um Menschen, Tiere und Sachwerte zu retten, zu schützen und zu bergen sowie um Umweltschäden zu verhindern.

3. a) Dieser Einsatz stellt einen Rekord dar, weil er mit über 14500 Feuerwehrleuten der bisher größte Feuerwehreinsatz der Welt war.
b) Ausgelöst wurde der Brand, weil am Morgen des 11. Septembers 2001 Terroristen zwei entführte Passagierflugzeuge in das World Trade Center gelenkt hatten, sodass zunächst die oberen Stockwerke Feuer fingen und bald darauf beide Türme einstürzten.
c) Von den über 14500 Feuerwehrleuten konnten mehr als 15000 Menschen gerettet werden.
d) Mehr als 2700 Menschen starben bei dem Terroranschlag, davon waren 343 Feuerwehrleute.

4. Als einen „Helden" bezeichnet man einen Menschen, der sich durch große und kühne (Kriegs-/Kampf-)Taten auszeichnet, oder auch jemanden, der sich unerschrocken und mutig einer schweren Aufgabe stellt und eine ungewöhnliche, bewundernswerte Tat vollbringt. Als Helden gelten Comichelden (z. B. Superman, Batman, Spiderman etc.), antike Helden (z. B. Herakles oder Achilles), Volkshelden (z. B. Robin Hood, Wilhelm Tell oder Jeanne d'Arc) oder Kriegs- und Widerstandshelden (z. B. Anne Frank und die Mitglieder der Weißen Rose).

Albrecht Dürer und der Preis der Neugier (S. 11/12)

1. Das Adjektiv „routiniert" leitet sich ab vom Substantiv „Routine". „Routine" hat jemand, der viel Erfahrung auf einem bestimmten Gebiet hat und dadurch sicher und schnell arbeiten kann.
2. Malaria ist eine Infektionskrankheit, die vor allem in Sumpfgebieten auftritt. Sie wird von Stechmücken auf Menschen übertragen. Die Krankheit löst hohe, wiederkehrende Fieberanfälle aus und kann tödlich enden.

3. a) Albrecht Dürer reiste viel, weil er sehr wissbegierig und neugierig war./weil er unbekannte Tiere studieren und malen wollte.
b) Albrecht Dürer starb, nachdem er von einer Malariamücke gestochen worden war./sieben Jahre nach seiner Reise in die Niederlande.

4. Albrecht Dürer war besonders wissbegierig und wollte möglichst viel über Natur, Leben und Kunst erfahren. Deswegen reiste er viel und versuchte, alle ihm unbekannten Tiere und Pflanzen so naturgetreu und detailliert wie möglich abzuzeichnen und abzumalen.

Piraten – Die Guten und die Bösen (S. 13/14)

1. a) Galeonen sind mit Kanonen und Soldaten bewaffnete Handelsschiffe.
b) Filibuster ist ein anderes Wort für Piraten.
c) Kastelle nennt man auch hohe Aufbauten.
d) Pökelfleisch ist Fleisch, das zum Haltbarmachen in Salzlauge eingelegt wurde.
e) Skorbut ist eine durch Vitamin-C-Mangel verursachte typische Seefahrerkrankheit.

2. Vorteile des Piratendaseins: (v. a. vor 400 bis 500 Jahren) reiche Beute; aufregender, spannender Alltag; Möglichkeit, viele Länder zu bereisen
Nachteile des Piratendaseins: eintönige Ernährung; erhöhte Krankheitsgefahr (z. B. Skorbut, Zahnfleischbluten, Zahnausfall); Gefahr, im Kampf verletzt oder getötet zu werden; lange Trennung von Familie/Freunden.

3. Als „Goldenes Zeitalter der Piraten" wurde die Zeit vor ca. 400 bis 500 Jahren bezeichnet, denn damals konnten Piratenschiffe besonders viel Gold von spanischen Handelsschiffen erbeuten. Die Spanier hatten das Gold den Indianern des Inkareiches gestohlen.

4. **a)** karibische
   b) Korsaren
   c) Rum
   d) Schiffszwieback
   e) Zwiebel
   f) bluten
   Lösungswort: Kombüse

Die Pubertät: Wenn der Körper verrücktspielt (S. 15/16)

1. Absatz ① (Z. 1–10): Definition Pubertät; Absatz ② (Z. 11–29): Ablauf und typische Merkmale der Pubertät; Absatz ③ (Z. 30–51): Einsetzen der Pubertät

2. So verschieden die Pubertät bei Mädchen und Jungen auch abläuft, es gibt doch einige Gemeinsamkeiten: In dieser Zeit leidest du verstärkt unter Stimmungsschwankungen, Reizbarkeit und mieser Laune, du fühlst dich oft auch unsicher und unwohl im eigenen Körper. Bei manchen Jugendlichen verläuft die Pubertät weniger schwierig, bei anderen kann das so weit gehen, dass es zu Essstörungen, Depressionen und anderen psychischen Problemen kommt. In dieser Zeit, in der du bemerkst, dass dein Körper und dein seelisches Erleben sich extrem verändern, plagen dich oft Selbstzweifel und du hast viel häufiger Zoff mit deinen Eltern und Geschwistern. Für viele werden die gleichaltrigen Freunde zu den engsten Vertrauten, während man sich von der Familie stärker distanziert. Trotz der Probleme ist die Pubertät eine aufregende Zeit, die auch jeder Erwachsene einmal durchlebt hat und die einige Überraschungen bereit hält. Meist fällt die Pubertät auch in jene Lebensphase, in der wir das erste Mal richtig verliebt sind und unsere ersten „Liebeserfahrungen" mit dem anderen Geschlecht machen.

   Der Zeitpunkt, wann die Pubertät beginnt, ist sehr verschieden. Sie setzt mit ungefähr neun bis zwölf Jahren ein und endet mit etwa 18 Jahren. Bei Mädchen beginnt die Pubertät meist ein bis zwei Jahre früher als bei Jungen. Wann die Pubertät einsetzt, hängt von verschiedenen Dingen ab, zum großen Teil aber von deinen Genen. Gene sind das Erbmaterial, das deine Eltern an dich weitergegeben haben und das auch für dein einzigartiges Aussehen verantwortlich ist. Ebenso deine Ernährungs- und Lebensweise können das Einsetzen der Pubertät beeinflussen: Extremsport oder starkes Untergewicht können sie verzögern, bei übergewichtigen oder seelisch verletzlichen Mädchen und Jungen kann sie auch früher einsetzen. Außerdem folgt die Pubertät keinem festen „Ablaufplan". Das heißt, ein Junge, der bereits im Stimmbruch ist, kann gleichzeitig noch kein einziges Barthaar haben und ein Mädchen, dessen Brüste bereits deutlich gewachsen sind, muss noch lange nicht ihre Monatsblutung haben. Bei einigen setzt die Pubertät insgesamt erst sehr spät ein und auch das ist normal. Wenn du mit 15 Jahren noch keine körperliche Veränderung merkst, solltest du dich an deine Eltern, ein älteres Geschwister oder einen Arzt wenden. […]

3. Im Schnitt sind Mädchen in ihrer körperlichen Entwicklung den Jungs ein bis zwei Jahre voraus./Spätestens mit 15 Jahren sollten sich körperliche Veränderungen bemerkbar machen.

4. Die Gene beeinflussen u. a., in welchem Alter bei Kindern die Pubertät einsetzt.

5. ☺: Mädchen können Kinder bekommen, Jungen können Kinder zeugen, gleichaltrige Freunde werden zu engsten Vertrauten, es ist eine aufregende Zeit, man macht erste „Liebeserfahrungen"

   ☹: es stellen sich Stimmungsschwankungen, Reizbarkeit und miese Laune ein, man fühlt sich unsicher und unwohl im eigenen Körper, es kann vereinzelt zu Essstörungen, Depressionen und anderen psychischen Problemen kommen, man hat Selbstzweifel, häufiger Zoff mit den Eltern und Geschwistern

😐: Der Körper stellt sich auf das Mann- bzw. Frausein um, der Körper und das seelische Erleben verändern sich extrem, man distanziert sich von der Familie, es gibt viele Überraschungen, bei Jungen setzt der Stimmbruch und Bartwuchs ein, Mädchen bekommen Brüste und ihre Monatsblutung.

6. Pubertät (lat. „Geschlechtsreife"): Hormonell gesteuerte körperliche Umstellung des Mädchen- bzw. Jungenkörpers auf das Frau- bzw. Mannsein; Entwickeln der Geschlechtsreife (Gebär- bzw. Zeugungsfähigkeit).

Traumberuf Mangaka (S. 17/18)

1. **Überschrift 1:** Ihre Fangemeinde wächst
   Überschrift 2: Keine Schule für Mangaka
2. Bei dem Text handelt es sich um einen Sachtext, weil anhand von ausgewählten Lebensdaten der Zeichnerin Judith Park über Werdegang, Ausbildungswege sowie Vor- und Nachteile des Berufes „Comiczeichner/-in" informiert wird.
3. Der von Inge Nordhoff verfasste Artikel „Traumberuf Mangaka" ist dem 2006 erschienenen Buch „Treff-Schülerwissen Traum-Berufe" entnommen und beschreibt anhand der Manga-Comic-Zeichnerin Judith Park den Werdegang einer Mangaka.
4. a) **Manga:** japanischer Comic, der von rechts nach links gelesen wird
   b) **Wespentaille:** schmale, betonte Taille (Rumpf)
   c) **Klonen:** Erzeugung genetisch identischer Kopien von Lebewesen durch künstliche, ungeschlechtliche Vermehrung
   d) **kolorieren:** eine Zeichnung oder Grafik mit Wasserfarben ausmalen
   e) **Mangaka:** japanischer Begriff für „Comiczeichner(in)"
   f) **Manwha:** westliche Bezeichnung für südkoreanische Comics
5. Judith Park gewann mit 18 Jahren einen Zeichenwettbewerb. Für Mangakas gibt es keine Schule. Im Comic „Dystopia" geht es um das Thema Klonen.

Psychoterror im Web: Cybermobbing (S. 19/20)

1. Facebook; Daten; jugendgerechte; privaten; Ignore-Liste; Persönlichkeitsrechte; Betreiber; löschen; Polizei
2. a) **Cybermobbing:** psychische Belästigung/Quälerei im Netz
   b) **Forum (Plural Foren):** Internetplattform, in der bestimmte Fragen oder Probleme von Forumsmitgliedern erörtert werden
   c) **Community:** Internetgemeinschaft/-gruppe mit gemeinsamem Interesse bzw. Ziel
   d) **anonym:** ohne Namensnennung
   e) **Chatroom:** Internetbereich, bei dem man sich über ein bestimmtes Thema unterhält (engl. to chat: sich unterhalten, plaudern)
   f) **User:** jemand, der einen Computer benutzt
   g) **Administrator:** Betreuer eines Internetnetzwerks mit besonderen Zugriffsrechten
   h) **Screenshot:** Wiedergabe dessen, was auf dem Bildschirm sichtbar ist
4. **Schutz vor Cybermobbing:** nur betreute Communitys/Foren und überwachte Chatrooms nutzen; keine Privatdaten (Telefon-/Handynummer, Adresse, Fotos etc.) veröffentlichen; Nickname verwenden; Mobber auf „Ignore-Liste" setzen; private Daten/Fotos nur an Freunde geben; Eltern/Lehrer um Hilfe bitten; Moderator/Administrator einschalten; Screenshots als Beweise; Anzeige erstatten

Bekommen auch Pflanzen Sonnenbrand? (S. 21/22)

1. Blutfluss; Hautkrebs; Brandblasen; Sonnenbrandgefahr; Augen; Schnee; Dauerzustand
2. **Absatz 1:** Ursache für Sonnenbrand
   Absatz 2: Sonnenschäden bei Pflanzen
   Absatz 3: erhöhte Sonnenbrandgefahr auf dem Meer
   Absatz 4: hohe UV-Strahlung auf Gletschern und im Schnee
   Absatz 5: Gefahr der Schneeblindheit in Gletscher- und Polarregionen

4. a) *(Abschnitt 3)* Weil das Wasser das Sonnenlicht reflektiert, ist die Sonneneinstrahlung am Meer stärker. Durch die leichte, kühle Meeresbrise bemerkt man außerdem oft die starke Sonneneinstrahlung nicht.
   b) *(Abschnitt 4)* Die Erdatmosphäre wird dünner, je höher man einen Berg hinaufsteigt, und filtert die UV-Strahlung weniger als im Tal.
   c) *(Abschnitt 2)* Pflanzen können von zu großer Sonneneinstrahlung geschädigt werden. Dabei verfärben sich die Blätter, rollen sich ein und sterben schließlich ab.
   d) *(Abschnitt 1)* Wir bekommen Sonnenbrand, wenn unsere Haut zu viel UV-Strahlung abbekommt. Die Blutgefäße in der Haut erweitern sich dann und röten die Haut. Bei starker Sonneneinstrahlung wirft die Haut sogar Blasen.
   e) *(Abschnitt 5)* Wenn die Hornhaut unserer Augen lange Zeit durch die Reflexion des Schnees hoher UV-Strahlung ausgesetzt wird, verbrennt sie und kann sich sogar ablösen. Dann erblindet man vorübergehend.

Mit Siebenmeilenstiefeln durch die Geschichte der Schuhmode (S. 23/24)

1. Bereits 12000 Jahre vor unserer Zeitrechnung umwickelten die Menschen ihre Füße mit Lederlappen und Fellstücken, um sie vor Kälte, Nässe und spitzen Steinen zu schützen. Das waren die Anfänge der Fußbekleidung. Doch die einfachsten Formen des heutigen Schuhs haben die Ägypter erfunden. Etwa 3500 Jahre vor Christi Geburt entstanden die ersten Sandalen, also offene Schuhe aus kunstvoll geflochtenem Gras oder Leder, die mit Riemen am Fuß festgehalten wurden.
   In vielen frühen Kulturen waren Schuhe ein Zeichen für den sozialen Stand: Das Gefolge des Kaisers trug andere Schuhe als die einfachen Bürger. In Japan konnte man am Schuhwerk den Beruf des Trägers erkennen. Während die Sandale für die alten Griechen eine gewisse Schönheit besitzen musste, stand für die Römer die praktische Seite im Vordergrund: Sie wollten mit bequemen Schuhen die Welt erobern. Erst später schmückten sie sie mit Goldstücken und kostbaren Steinen. In den kälteren Regionen entstanden die ersten geschlossenen Schuhe aus frisch gegerbtem Leder. [...]
   Im Laufe der Jahre veränderte sich der Schuh. Die ersten, meist sehr farbenfrohen Stiefel kamen beispielsweise aus dem Orient und durften zunächst nur von Männern getragen werden. Vor rund 800 Jahren erfanden die Perser Reitstiefel mit Absätzen. Sie sollten den Füßen besseren Halt in den Steigbügeln verleihen. Damals konnten sie noch nicht ahnen, dass Damenschuhe mit immer höher werdenden Absätzen die Modewelt erobern würden.
   Schon bald sollte der Schuh nicht nur praktisch, sondern auch schick sein. So entwickelten sich im Laufe der Jahrhunderte die verrücktesten Modetrends. Im Spätmittelalter waren beispielsweise die Schnabelschuhe modern. [...]
   Im 15. Jahrhundert trugen die reichen und vornehmen Bürger Schuhe aus weichem Leder, Seide und Samt. Hölzerne Unterschuhe, die Trippen, schützten das feine Schuhwerk vor dem Schmutz der Straßen. Außerdem entwickelten sich merkwürdige und sehr unpraktische Schuhformen [...] Bis zu dieser Zeit waren die Schuhe für Männer und Frauen gleich. Doch nun begann eine neue Entwicklung: Männer trugen glanzvolle bequeme Stiefel, während sich die Frauen in ihren reich verzierten Schuhen kaum bewegen konnten. Damals fanden auch Männer Schuhe mit hohen Absätzen schön, denn sie machten größer und betonten den Oberkörper. [...]
   Erst seit hundert Jahren gibt es unterschiedliche Schuhe für den rechten und linken Fuß, die als „krumme" Schuhe bekannt wurden. Das war eine Revolution, denn nun war der Schuh viel angenehmer zu tragen. Im Allgemeinen mussten Schuhe jedoch vor allem schön sein.
   Anfang des 20. Jahrhunderts trugen Frauen häufig die klassischen Pumps. Diese praktischen und eleganten Halbschuhe sind auch heute noch modern. Außerdem waren Plateauschuhe wieder beliebt. [...]
   Mitte des 20. Jahrhunderts war der Turnschuh wieder angesagt und wurde in vielen Variationen zum Kultschuh. Vierzig Jahre später erreichte diese Entwicklung vermutlich auch durch Trendsetter wie Madonna ihren Höhepunkt. Designer gestalteten die Sportschuhe mit bunten Spiralen und Zick-Zack-Mustern.

2. **Bild links:** seidener Damenschuh aus dem 18. Jahrhundert
   Bild Mitte: moderner Damenturnschuh
   Bild rechts: Überreste einer römischen Sandale
3. **Absatz 1:** Die ersten Sandalen erfanden die Ägypter;
   Absatz 2: Schuhe als Zeichen für sozialen Stand;
   Absatz 3: Die ersten Absätze;
   Absatz 4: Schuhe mussten vor allem schön sein;
   Absatz 5: Schuhmode im 20. Jahrhundert

4. a) Sie taten dies als Schutz vor Kälte, Nässe und spitzen Steinen.
   b) Folgende Funktionen von Schuhen werden im Text erwähnt: dienten als Zeichen für den sozialen Stand (z. T. konnte man am Schuhwerk den Beruf erkennen); boten Reitern besseren Halt in den Steigbügeln; symbolisierten den Reichtum des Besitzers; waren Modeströmungen unterworfen; boten Schutz vor dem Schmutz der Straße; machten größer; betonten den Oberkörper
   c) Die Perser erfanden Reitstiefel mit Absätzen, damit sie besseren Halt in den Steigbügeln hatten.

Auch Tiere haben Rechte! (S. 25/26)

1. Reihenfolge der Abschnitte: 3; 4; 1; 2

2. **[Der erste Tierschützer:]** [...] Es war Anfang des 13. Jahrhunderts, als ein Wolf im italienischen Gubbio die Menschen in Angst und Schrecken versetzte. Niemand wagte sich mehr vor das Stadttor – außer Franz. Franz redete lange mit dem Tier, nannte es seinen „Bruder" und versprach, sich um den Wolf zu kümmern. Und so gelang es ihm, das Tier zu zähmen. Wie ein Märchen klingt die Legende des Heiligen Franz von Assisi, der etwa von 1181 bis 1226 lebte. Der Kirchenmann war als Tierliebhaber bekannt, viele Menschen betrachten ihn heute als den ersten Tierschützer überhaupt. Selbst dem winzigsten Wurm sah er als schützenswert an[, w]eil er Tiere und Menschen als gleichwertige Geschöpfe Gottes achtete. Am 4. Oktober jeden Jahres fallen deshalb [...] zwei wichtige Termine aufeinander: der Gedenktag des Heiligen Franz von Assisi und der Welttierschutztag.

Die Beziehung von Mensch und Tier ist uralt: Der Hund etwa wurde schon vor mehr als 10 000 Jahren zum Haustier. Tiere waren in erster Linie dazu da, den Menschen zu versorgen: mit Fleisch, Milch, Fett, Leder... Oder ihm als Lastenschlepper und Karrenzieher zu dienen. Kaum jemand machte sich Gedanken darüber, wie es den tierischen Helfern dabei erging. [...] In der Antike galten Tiere als „Sachen".
Und noch im 17. Jahrhundert beschrieb der französische Philosoph René Descartes sie als „Maschinen". Tiere seien gefühllos wie Metall und spürten keine Schmerzen.

Doch es gab auch andere Meinungen: Schon im 3. Jahrhundert v. Chr. verbot der indische Herrscher Ashoka das Opfern von Tieren. Der eigentliche Tierschutz in Europa begann mit einem englischen Gesetz, dem „Martin's Act" von 1822. Hierzulande dauerte es etwas länger, bis die Menschen merkten, dass auch ihre Mitgeschöpfe keine „Sachen" sind: 1837 gründeten zwei Pfarrer in Stuttgart den ersten deutschen Verein zum Schutz von Nutztieren. Seit 1933 wird Tierquälerei außerdem unter Strafe gestellt. Und das Tierschutzgesetz von 1972 erklärt Tiere ausdrücklich zu „Mitgeschöpfen". Das heißt, die Menschen müssen dafür sorgen, dass es den Tieren gut geht, ganz gleich, ob Nutz-, Haustiere oder Wildtiere. Vor fünf Jahren nahm Deutschland sogar als erstes Land der Europäischen Union den Tierschutz in sein Grundgesetz auf.

Noch immer leiden viele Tiere: Trotzdem gibt es noch viele Probleme. Der Deutsche Tierschutzbund prangert zum Beispiel die [Tierh]altung [...] in Zirkussen an: Viele leiden unter den ständigen Ortswechseln und dem Leben in zu kleinen Käfigen. [...] Und noch immer gibt es erbitterten Streit um Tierversuche in Laboren: Die einen sagen, dass ohne solche Experimente an Mäusen oder Affen keine neuen Medikamente oder Operationsmethoden entwickelt werden können, die später todkranken Menschen helfen. Andere fordern, dass Tierversuche generell verboten werden müssen, weil es erstens zu viele unsinnige Experimente gibt und man zweitens mit Lebewesen sowieso nicht so umgehen darf. [...]

3. **Argumente für den Tierschutz:** Tier und Mensch als „gleichwertige Geschöpfe Gottes"; Schmerzempfinden der Tiere; viele unsinnige Tierversuche; Tierschutzgesetz von 1972 gegen Tierquälerei (historische)
   Argumente gegen den Tierschutz: pragmatische Gründe: Nutztierhaltung (Tiere als Nahrungslieferanten, Lastenträger etc.); in Antike galten Tiere als „Sachen"; laut Descartes sind Tiere gefühl- und schmerzlos; z. T. weiterhin alternativloser Labortiereinsatz bei medizinischer Forschung zur Rettung von Menschenleben

4. **1. Absatz:** Der Heilige Franz von Assisi (1181 bis 1226) war ein großer Tierfreund und kann als einer der ersten Tierschützer verstanden werden.
   2. Absatz: Seit der Steinzeit dienten Tiere dem Menschen vor allem als Nahrungs- und Rohstofflieferanten und wurden bis in die Neuzeit hinein als gefühllose „Sachen" betrachtet.
   3. Absatz: Mit dem „Martin's Act" von 1822 begann der Tierschutz in Europa. Heutzutage gibt es in fast allen Ländern Tierschutzgesetze und Tierschutzvereine.
   4. Absatz: Die bisherigen Maßnahmen und Gesetze zum Schutz der Tiere findet der Deutsche Tierschutzbund unzureichend. Er fordert ein Verbot von Zirkustierhaltung und medizinischen Tierversuchen.

Das Spiel mit der Stimme (S. 27/28)

1. **1. Absatz:** Seit fünf Jahren Kinderhörspielsprecher
   2. Absatz: Hörspielsprechen liegt ihm im Blut
   3. Absatz: Echte Interaktion ist gefragt
   4. Absatz: Aufwändige Produktion

2. a) *akustisch:* den Schall/Klang betreffend
   b) *diversen:* allerlei, manchen
   c) *Synchronsprecher:* Sprecher, der einen fremdsprachigen Film so in die eigene Sprache überträgt, dass die Lippenbewegungen der Filmschauspieler dazu passen
   d) *tonbandreif:* so gut, dass es direkt aufgenommen werden kann
   e) *Interaktion:* aufeinander bezogenes Handeln von Personen
   f) *Dialoge:* (Film-/Hörspiel-)Gespräche
   g) *Einsprechen:* Aufnehmen eines Hörspieldialogs

3. a) Philipp ist mit Kerstin Draeger verwandt.
   b) Als Kinderhörspielsprecher muss man möglichst hochdeutsch sprechen können./ungekünstelt lachen können./eine gute Aussprache haben.
   c) Eine Kinder-Hörspielfolge besteht aus bis zu siebzig Geräuschen./einzusprechen dauert drei bis vier Tage.
   d) Für das Hörspiel benötigte Geräusche werden oft mit Alltagsgegenständen erzeugt./sind in einem Geräusche-Archiv gespeichert.

Die Geschichte vom Brot (S. 29/30)

1. *Waagerecht:*
   1: Volumen; 2: Aegypten; 3: Gegorenes; 4: Roggen
   Senkrecht:
   1: Brot; 2: Jungstein; 3: Rom; 4: Ton; 5: Emmer; 6: Stein; 7: nass

2. „Für den Genuss dieser Geschichte braucht ihr: eine Scheibe frisches Brot [...], etwas Zeit und natürlich eine ordentliche Portion Wissenshunger. Denn einen Text über Brot kann man nicht einfach nur lesen. Man muss ihn riechen, muss ihn schmecken, Wort für Wort und Happen für Happen. Darum jetzt bitte – ins Brot beißen! [...] Und kaut euch hinein in die Geschichte: Tausende Jahre zurück in die Jungsteinzeit, als unsere Vorfahren anfingen, Getreide anzubauen. Damals nämlich, vor rund 11 000 Jahren, beginnt auch die Geschichte des Brotes." (Original-Einleitung zu Barbara Lichs Artikel „Die Geschichte vom Brot", erschienen unter www.geo.de/GEOlino/mensch/70276.html)

16. Shell-Jugendstudie zum Thema Internetnutzung (S. 31)

Jungen weisen durchschnittlich mehr Internetkompetenz auf. 17 Prozent eher ältere, weibliche Jugendliche nutzen das Internet für Informationen oder Einkäufe. Fast ein Viertel der jüngeren, sozial benachteiligten männlichen Teenager machen regelmäßig Computerspiele.

Warum sind dicke Leute dick? (S. 32/33)

1. Die populäre Antwort ist: weil sie zu viel essen. Und in gewisser Weise stimmt das auch. Würden sie weniger essen, dann würden sie auch weniger wiegen. Diese Binsenweisheit gilt für jedermann, dick oder dünn. Jede Kalorie über das hinaus, was unser Körper braucht, macht uns schwerer, jede Kalorie, die zum Ausgleich der Energieverluste fehlt, macht uns leichter.
In gewisser Weise ist die Antwort aber auch falsch. Denn dicke Menschen mögen vielleicht mehr essen, als sie zur Gewichtserhaltung brauchen; aber sie essen im Durchschnitt weniger als dünne. [...] Wie eine Ernährungsstudie nach der anderen ergibt, sind unter sonst gleichen Umständen Vielesser in der Regel dünner.
So essen etwa englische Teenager weit weniger als ihre Eltern, im Durchschnitt sogar 300 bis 500 Kalorien am Tag weniger als von der Weltgesundheitsorganisation empfohlen – und sind trotzdem mehrheitlich zu dick. Eine andere Studie aus Schottland ergab, dass dicke Mädchen nicht mehr essen als dünne – sie essen weniger. „Wie auch immer die genauen Zahlen lauten mögen, man kann mit ziemlicher Sicherheit sagen, dass wir dicker werden, wenn wir weniger essen“, [erklären die Macher der Studie].
Dicke Menschen sind in der Regel dick, nicht obwohl, sondern weil sie so viel fasten. Denn der Energiebedarf unseres Körpers hängt ebenfalls von unserem Essen ab: Wer wenig isst, trainiert den Körper, dieses knappe Essen besser auszunutzen, weniger von den Kalorien in der Nahrung zu verschwenden, kurz, wie die Bauern sagen, das Futter besser zu verwerten. Wenn also zwei 1,80 Meter große Männer mit jeweils 80 Kilogramm Körpergewicht und identischem Energiebedarf von 2800 Kalorien pro Tag je zwei Steaks mit Beilagen und mehrere Bier mit zusammen 3500 Kalorien vertilgen, kann der eine dadurch dünner und der andere dicker werden. Wenn der eine vorher lang gefastet und Diät gehalten hat, wird sein Körper vielleicht 3000 der 3500 Kalorien wirklich auch verwerten – 200 mehr als zur Gewichtserhaltung nötig –, mit anderen Worten, er nimmt zu. Der andere hat keine Diätkur hinter sich und geht mit seiner Nahrung viel salopper um, verwertet, sagen wir, nur 2500 der 3500 aufgenommenen Kalorien. Das sind 300 weniger, als er braucht, und er nimmt ab.

2. a) Dicke Menschen essen einerseits im Vergleich zu dünnen mehr als das, was sie zum Ausgleich ihres Energieverlusts brauchen.
   b) Dicke Menschen essen andererseits im Vergleich zu dünnen im Durchschnitt weniger, weil sie bessere „Futterverwerter“ sind und beispielsweise nach einer Fastenkur viel schneller wieder zunehmen als dünne Menschen.

3. Der Energiebedarf unseres Körpers hängt von unseren Ernährungsgewohnheiten ab. Menschen, die weniger essen, weil sie fasten oder Diät halten, trainieren ihren Körper darauf, die aufgenommenen Kalorien optimal zu verwerten. Sie werden also schneller dick als Menschen, die regelmäßig viel essen. Diese nehmen bei der gleichen Menge aufgenommener Kalorien eher ab.

4. Unser Rat: Wer abnehmen möchte, sollte darauf achten, sich trotzdem immer satt zu essen und nicht auf Nahrungsmittel, die der Körper braucht, zu verzichten. Eine gesunde Ernährungsumstellung ist sinnvoller als einseitige Diäternährung oder vorübergehende drastische Kalorienreduzierung, z. B. durch eine Fastenzeit, da es dann früher oder später zum gefürchteten „Jojo-Effekt“ kommt.

5. Dicke Menschen essen mehr, als ihr Körper zum Ausgleich ihres Energieverlusts braucht. Die überschüssigen Kalorien werden im Körper als Fettzellen eingelagert. In englischen und schottischen Studien konnte jedoch nachgewiesen werden, dass Übergewichtige dennoch im Durchschnitt weniger als Normalgewichtige essen, weil sie bessere Nahrungsverwerter sind. Bei gleicher Kalorienzufuhr verwertet der Körper eines Übergewichtigen, der Diät hält, mehr Kalorien als ein dünner Mensch, weil sich sein Körper auf das Überleben in der „Hungersnot“ einstellt. Deswegen nimmt ein dicker Mensch schneller zu als ein normalgewichtiger.

Lösungen

Woraus besteht das Licht? (S. 34/35)

1. Elke Krasny erklärt in ihrem Artikel „Woraus besteht das Licht?" aus ihrem 2005 im Niederösterreichischen Pressehaus veröffentlichten Sachbuch „Warum ist das Licht so schnell? Eine Reise durch die Welt des Lichts", dass Licht sowohl in Wellen- wie auch in Teilchenform in Erscheinung tritt.

2. a) Strahlung
   b) absolut leeren
   c) Photonen
   d) Netzhaut

3. Der englische Arzt Thomas Young stellte sich die Frage, woraus Licht besteht.
   Die Physiker Max Planck und Albert Einstein machten ebenfalls Lichtexperimente.
   Unsere Ohren reagieren auf Schallwellen.
   Schallwellen bewegen sich durch die Luft fort.
   Nach Thomas Youngs Schirmexperiment bewegt Licht sich wellenmäßig fort.

4. a) Das Experiment von Thomas Young; Der englische Arzt Thomas Young fand bei einem Experiment heraus, dass Licht aus Wellen besteht.
   b) Lichtwellen; Diese Wellen bewegen sich im leeren Raum fort und werden von bestimmten Zellen auf unserer Netzhaut wahrgenommen. Licht ist somit der für uns sichtbare Teil von Sonnen- bzw. Sternenstrahlung.
   c) Lichtteilchen; Hundert Jahre später fanden die deutschen Physiker Max Planck und Albert Einstein in weiteren Experimenten heraus, dass Licht nicht nur als Welle beschrieben werden kann, sondern auch aus kleinen Teilchen besteht, den Photonen.

Ist der Wolf so böse wie im Märchen? (S. 36/37)

1. Der Artikel „Ist der Wolf so böse wie im Märchen?" von Henning Wiesner aus dem 2005 erschienenen Buch „Müssen Tiere Zähne putzen? ... und andere Fragen an einen Zoodirektor" befasst sich mit den Ursachen für den schlechten Ruf des Wolfes und erläutert, ob dieser gerechtfertigt ist.

2. c) d) a) b) g) e) f)

3. Einleitend behauptet der Autor, der böse Wolf, wie wir ihn aus Märchen kennen, habe seinen schlechten Ruf zu Unrecht. Wie jedes Raubtier töte er nur zu Nahrungszwecken. Anschließend erklärt Wiesner, die Menschen hätten den Wolf schon immer gefürchtet, weil er in früheren Zeiten besonders für arme Bauern existenzbedrohend sein konnte, wenn er z. B. über ihre Schaf- oder Ziegenherden herfiel. Im dritten Absatz berichtet er, Wölfe würden sich hauptsächlich von kleineren Nagetieren und Aas ernähren. Menschen kämen nur in Ausnahmesituationen für sie als Beute in Frage. Aus Russland seien wenige Fälle bekannt, in denen ausgehungerte Wölfte im Winter auch Menschen angefallen hätten. Aus Osteuropa seien seit einigen Jahren Wölfe, die Verwandten unserer Hunde, wieder in unsere Wälder zurückgekehrt, was jedoch keinen Grund zur Besorgnis darstelle. Abschließend erläutert der Autor, dass Wölfe sich durch Heulen über weite Entfernungen hinweg verständigten und Eskimos z. T. sogar gelernt hätten, ihr Geheul zu deuten.

Die Gartenpiraten in Aktion: Was ist Guerilla Gardening? (S. 38/39)

1. **Definition Guerilla-Gardening:** das illegale, also verbotene, Bepflanzen und Begrünen von städtischen Flächen; Begriff stammt aus dem Englischen; Idee entstand in den 1970er Jahren in New York; „Guerilla" bedeutet „Kleinkrieg"; verdeckten und schnellen Angriff „aus dem Untergrund"; möglichst schnell viele Flächen begrünt werden; „Gardening" bedeutet auf Englisch „gärtnern"; „Überraschungspflanzung"
   Gründe für Guerilla-Gardening: Stadtbild verschönern; für ein besseres Klima sorgen; Sauerstoff; protestieren; städtische Lebensraum wieder „zurückerobert" werden; Stadt hat alles Natürliche verdrängt; im Besitz von Leuten, die Fabriken oder neue Häuser bauen; vor allem viel Geld verdienen; Protest mit etwas Nützlichem verbinden; hübscheren Stadtbild; „Nutzpflanzen"; politischen Protestaktionen; Pflanzen können Friedenssymbol bilden; bepflanzt Golfplätze mit Dornenbüschen; Felder mit gentechnisch veränderten Pflanzen zerstört durch

die wilde Bepflanzung; Protest gegen die Monokulturen des Spießbürgertums

2. Britta Pawlak definiert „Guerilla Gardening" als illegales Bepflanzen und Begrünen städtischer Flächen. Das spanische Wort „Guerilla" bedeute „Kleinkrieg"; es handle sich also um einen verdeckten, schnellen Untergrund-Angriff gegen einen mächtigen Gegner. Da „Gardening" der englische Begriff für „Gärtnern" sei, werden beim Guerilla Gardening also in Nacht-und-Nebel-Aktionen möglichst schnell viele Flächen begrünt. Als Gründe für diese verbotenen Aktionen spricht Pawlak zunächst ästhetische und praktische Motive an: Vielen Guerilla-Gärtnern und -Gärtnerinnen gehe es vor allem um die Verschönerung des oft trist grauen Stadtbildes und um das Anpflanzen von Nutzpflanzen, wie z. B. Erdbeeren. Daneben könne man mit solchen Begrünungsaktionen das städtische Luftklima verbessern, da Pflanzen Sauerstoff lieferten. Andere Aktivisten wiederum sähen Guerilla Gardening eher als politisch-moralische Protestaktion: Sie wenden sich gegen die Vereinnahmung des öffentlichen Raumes oder gegen gentechnisch veränderte, unökologische und unnatürliche Bepflanzungen (wie z. B. auf Golfplätzen oder in Monokulturen).

3. Mit dem Begriff „Allgemeiner Protest gegen die Monokulturen des Spießbürgertums" ist gemeint, dass einige Guerilla-Gärtner/-innen den Anbau von nur einer Pflanzenart aus ökologischen Gründen ablehnen, da dies die Böden stärker abnutzt und andere, natürlicherweise vorkommende Pflanzenarten dadurch verdrängt werden. Eine Monokultur (z. B. ein englischer Rasen) sieht zwar „ordentlicher" aus und gefällt den „Spießbürgern" daher vielleicht besser als ein „unordentlicher" Naturrasen, ist aber für das Ökosystem eher problematisch, weil er weniger Lebensraum für verschiedene Pflanzen- und Tierarten bietet, intensiver gedüngt werden muss und anfälliger ist für Schädlinge.

Wird die Mücke niemals satt? (S. 40/41)

1. a) Weil Mücken beim Stechen juckende Pusteln auf unserer Haut hinterlassen.
   b) Nur die Mückenweibchen stechen, um an das Blut von Säugetieren oder Vögeln zu gelangen, denn sie brauchen unser Blut zum Eierablegen.
   c) Durch Mückenstiche können Infektionskrankheiten übertragen werden. Die für den Menschen gefährlichste ist Malaria.
   d) Sie hat einen guten Orientierungssinn, denn sie fliegt stets in Richtung Wärme, bestimmt außerdem den CO_2-Gehalt der Ausatemluft von Säugetieren und Menschen und kann Körperschweiß riechen.
   e) Histamin verhindert die Blutgerinnung, sodass die Mücke beim Aussaugen nicht fürchten muss, dass ihr dünner Saugstachel verklebt. Beim Menschen verursacht Histamin Juckreiz.

2. Man kann sich vor Mückenstichen schützen, indem man zur Abenddämmerung, wenn die Stechmücken am aktivsten sind, langärmelige Oberteile und lange Hosen oder Röcke trägt. Fliegengitter vor den Fenstern und Moskitonetze bieten ebenfalls Schutz. Da Schweißgeruch die Mücken anlockt, sollte man am frühen Abend zusätzlich duschen. Der gute Geruchssinn der Stechmücken kann außerdem getäuscht werden durch bestimmte ätherische Öle (z. B. Geranienöl).

3. a) weibchen; mikro
   b) Dreifache
   c) Buttersaeure
   d) gerinnung
   Lösungswort: Schnake

Gab es den Urknall oder wurde die Welt in sieben Tagen erschaffen? (S. 42/43)

1. Astronomen; Urknall; sieben Tagen; Wort; Menschen; Dichtung; Sichtweisen; Schöpfer
2. a) Unter „kosmischer Hintergrundstrahlung" versteht man das von den Wissenschaftlern Arno Penzias und Robert Wilson 1965 entdeckte Rauschen im Weltall, das die beiden als schwaches Echo des Urknalls identifizierten.

b) Ein im Text genanntes Synonym für unsere Erde lautet „Blauer Planet" (Z. 29). Denn ein Großteil der Erdoberfläche – über 70 Prozent – besteht aus Wasser bzw. Meeren, weswegen die Erde, aus dem Weltraum betrachtet, vor allem blau aussieht.

c) Der Autor sagt, der biblische Schöpfungsbericht im Buch Genesis sei keine wissenschaftliche Studie, sondern ein Sinnbild für Gottes Vollkommenheit, welche durch die Zahl sieben dichterisch symbolisiert wird. Der Schöpfungsbericht sei vor allem deswegen geschrieben worden, um Gottes Beziehung zu uns Menschen zu erklären. Die Astronomie hingegen sammle möglichst exakte naturwissenschaftliche Erkenntnisse darüber, wie das Weltall und die Planeten entstanden sind.

3. *Waagerecht:*
1: Genesis; 2: Urknall; 3: sieben; 4: Universum
Senkrecht:
1: Epochen; 2: Bibel; 3: Astronom; 4: Wilson; 5: Lob

Warum spuckte früher alle Welt auf den Boden? (S. 44/45)

1. In dem Artikel „Warum spuckte früher alle Welt auf den Boden?" von Susanne Mutschler aus ihrem 2008 erschienenen Kindersachbuch „Ritter durften noch rülpsen. Die Kinder-Uni fragt, woher die Manieren kommen" geht es um Benimmregeln bei Schnupfen, die sich in Abhängigkeit von Kulturkreis und Zeitgeschichte verändert haben.

2. **Benimmregeln für Moslems:** gläubige Moslems reinigen sich die Nase vor jedem Gebet, indem sie aus der hohlen Hand dreimal nacheinander Wasser hochziehen und es wieder ausschnäuzen; neben den Füßen, dem Gesicht, den Händen und den Ohren werden auch Mund und Nase gründlich gesäubert; Nasenwasserspülung; in sein Badezimmer gehen anstatt zum Taschentuch zu greifen.

Benimmregeln für Asiaten: Taschentuch gilt vor allem bei Tisch als extrem unhöflich; den Naseninhalt hochzuziehen, gilt als Zeichen der Selbstbeherrschung; üblich, den Schleim aus Mund und Nase überall auszuspucken; Ansteckung durch die Lungenkrankheit SARS, verbot die chinesische Regierung das Spucken in der Öffentlichkeit

3. Benutze keine Papiertaschentücher, sondern Stofftaschentücher, die du bei Schnupfen mehrere Tage lang in deiner Hosentasche aufbewahrst und gern auch anderen Leuten verleihst. Halte dich viel in Menschenmengen auf, um die Ansteckungschancen zu erhöhen. Wasch dir nie deine Hände. Huste und niese möglichst vielen Menschen direkt ins Gesicht, ohne dir dabei die Hand vor den Mund zu halten. Schüttle so viele Hände wie möglich, wenn du erkältet bist.

4. Verwenden Sie Papiertaschentücher, die Sie nach einmaliger Benutzung jeweils wegwerfen, damit die Viren und Bazillen darin sich nicht vermehren können. Halten Sie sich beim Niesen die Hand vor den Mund bzw. achten Sie darauf, nicht angeniest zu werden. Meiden Sie Menschenmengen (z. B. in öffentlichen Verkehrsmitteln oder Wartezimmern), um die Ansteckungsgefahr zu verringern. Verzichten Sie möglichst auf Körperkontakt mit erkälteten Freunden oder Familienmitgliedern (Küssen, Umarmen etc.). Waschen Sie sich mehrmals täglich gründlich die Hände. Machen Sie Nasenwasserspülungen. Beugen Sie vor durch den Verzehr von viel Obst, Gemüse und Getreide, denn Vitamin C und Zink stärken das Immunsystem. Auch regelmäßige Saunabesuche, heiße (Fuß-)Bäder mit ätherischen Ölen und Wechselduschen aktivieren das Immunsystem. Da trockene Heizungsluft besonders schädlich ist, sollten Sie sich, warm angezogen, viel an der frischen Luft aufhalten oder die Luftfeuchtigkeit im Zimmer durch eine Schale Wasser auf der Heizung erhöhen.